DISCLAIMER

The author and publisher are providing this book and its contents on an "as is" basis and make no representations or warranties of any kind with respect to this book or its contents. The author and publisher disclaim all such representations and warranties, including but not limited to warranties of merchantability. In addition, the author and publisher do not represent or warrant that the information accessible via this book is accurate, complete, or current.

Except as specifically stated in this book, neither the author nor publisher, nor any authors, contributors, or other representatives will be liable for damages arising out of or in connection with the use of this book. This is a comprehensive limitation of liability that applies to all damages of any kind, including (without limitation) compensatory; direct, indirect, or consequential damages; loss of data, income, or profit; loss of or damage to property; and claims of third parties.

This Book Offers Free Bonus Puzzles

Available Here:

BestActivityBooks.com/WSBONUS20

5 TIPS TO START!

1) HOW TO SOLVE

The Puzzles are in a Classic Format:

- Words are hidden without breaks (no spaces, dashes, ...)
- Orientation: Forward & Backward, Up & Down or in Diagonal (can be in both directions)
- Words can overlap or cross each other

2) LEVEL UP THE GAME!

A space is provided next to each word to write new ones, translations or notes. We also offer a convenient **NOTEBOOK** at the end of this edition. It can help you organize your annotations, new words and/or observations.

3) TAG YOUR WORDS

Have you tried using a tag system? For example, you could mark the words which have been difficult to find with a cross, the ones you loved with a star, new words with a triangle, rare words with a diamond and so on...

4) EASY TO CUT!

The Puzzles come with an Extra Large margin to easily cut the page out of the book. Some people may feel it more convenient to solve them this way.

5) FINISHED?

Go to the bonus section: **MONSTER CHALLENGE** to find a free game offered at the end of this edition!

Want **more fun** and activities to **relax? It's Fast and Simple!** An entire Game Book Collection **just one click away!**

Find your next challenge at:

BestActivityBooks.com/MyNextWordSearch

Ready, Set... Go!

Did you know there are around 7,000 different languages in the world? Words are precious.

We love languages and have been working hard to make the highest quality books for you. Our ingredients?

One part easy-to-read print, three parts entertainment, then we add some challenging words and a pinch of rare ones. We brew them with care to serve you lots of fun and an opportunity to solve the best puzzles.

Your feedback is essential. You can be an active participant in the success of this book by leaving us a review. Tell us what you liked most in this edition!

Here is a short link which will take you to your Amazon orders review page.

BestBooksActivity.com/Review50

Thanks for your fidelity and enjoy the Game!

Puzzle 1

크	러	문	꼼	한	에	트	한	추	범	컴	클	제	젊	들
춤	사	굴	올	이	솔	주	받	너	자	한	립	리	트	션
로	스	트	범	솔	트	공	람	받	리	피	정	올	측	감
문	문	질	풍	다	대	바	고	은	은	복	치	컴	법	크
발	발	를	자	슬	픈	들	려	끔	하	의	동	전	춤	문
집	퓨	법	집	카	용	공	어	늘	드	맞	문	바	문	루
용	감	법	견	의	운	이	주	크	춤	쇠	추	절	법	법
바	어	떻	게	동	집	제	크	토	굽	쳐	자	전	거	발
컴	발	계	이	물	꼼	동	출	지	전	르	치	찍	달	에
주	관	다	동	어	이	동	천	꼼	장	가	사	다	리	도
북	들	느	동	보	대	용	사	재	동	마	바	니	느	날
문	셀	쌀	발	기	한	장	퓨	늘	어	엄	문	습	달	레
션	문	맞	을	컴	바	올	질	를	트	문	너	않	다	북
말	고	제	은	용	로	젊	로	러	션	돌	크	는	달	북

제출   엄마가
자전거   피복
토지   관계
클립정치의   가치
물어보기   는 않습니다
사다리에   고려
슬픈   재사용
로스트   열쇠
천사   어떻게
하드   가르쳐

Puzzle 2

농	부	리	느	들	솔	느	결	장	에	낌	질	견	절	에
문	느	한	다	용	다	리	감	꼼	집	루	거	북	요	카
위	바	굴	션	에	동	를	낌	을	거	꼼	솔	카	는	법
올	자	어	느	쪽	이	든	나	무	북	도	션	기	녀	추
문	격	느	스	세	자	사	의	질	이	감	위	발	그	트
노	쌀	이	문	셀	트	이	걱	춤	와	트	스	젊	찍	동
꼼	윙	은	생	을	쌀	클	정	의	은	돌	다	물	달	동
믹	스	로	다	강	프	링	공	스	을	들	대	에	루	이
절	쌀	날	쌀	올	이	너	춤	질	두	려	움	박	물	관
바	쌀	의	찍	스	테	느	범	루	들	장	은	굽	이	전
은	물	느	한	도	체	스	과	측	느	너	운	문	자	법
트	올	올	부	을	제	굽	일	한	셀	동	낌	낌	주	로
솔	올	받	날	에	목	터	의	너	감	풍	부	측	을	도
사	주	굴	위	굽	션	크	체	거	소	플	레	이	어	문

나무	사이클링
플레이어	믹스
세트	감소
어느 쪽이든	생강이
그녀는	테이프
농부	걱정
과일의	자격
스윙	위기는
거북이와	두려움
박물관	제목

Puzzle 3

트	굽	동	행	돌	늘	장	낌	노	옷	를	어	제	을	다
릭	올	동	문	다	법	날	체	람	법	장	로	어	부	늘
운	추	결	자	이	하	나	이	로	을	문	풍	너	결	거
파	필	찍	을	측	프	끔	문	날	을	장	날	쌀	동	바
컴	카	문	퓨	램	스	동	다	측	흥	풍	요	이	날	자
솔	법	전	레	물	루	질	바	퓨	분	요	자	전	위	법
일	곱	번	째	위	말	카	쌀	기	하	찰	관	행	표	를
도	입	견	러	주	다	람	터	준	는	사	바	사	퓨	사
표	적	자	낌	행	범	퓨	필	비	은	루	례	무	을	주
올	복	구	면	동	자	부	바	완	을	뱀	자	소	필	퓨
제	주	주	끔	을	션	디	오	료	운	마	장	표	루	돌
필	늘	도	주	전	터	문	트	부	온	도	가	추	위	바
낌	외	셀	늘	노	트	운	굽	도	굴	느	은	쌀	험	바
을	부	표	트	세	부	정	보	바	느	퓨	들	동	젊	들

도마뱀
복구면
램프
행동을
트릭
온도가
무례
관찰하기
일곱 번째
준비 완료

하나
추가
오디션을
사무소
흥분하는
외부
옷장
세부 정보
위험
입자

Puzzle 4

```
을 너 날 을 자 위 찍 젊 결 동 문 바 집 션 주
크 전 문 받 을 치 올 뜨 거 운 필 트 감 견 장
동 쟁 전 풍 계 피 제 주 쌀 결 우 감 혼 람 람
파 돌 동 가 잊 리 절 루 쌀 굴 문 유 을 감 다
문 집 은 축 어 터 물 사 동 문 부 문 올 전 질
끔 검 받 을 려 쌀 터 로 장 신 한 춤 자 문 다
동 색 카 거 버 질 법 파 끔 한 받 한 터 범 질
주 중 풍 러 러 다 도 어 법 바 람 터 용 루 전
터 부 바 자 범 이 에 트 다 트 질 전 부 요 노
을 의 범 견 말 집 트 말 은 장 달 용 전 카 로
레 젊 은 적 제 을 다 발 찍 질 젊 끔 들 트 굴
스 바 루 성 인 나 질 말 날 달 음 덮 들 문 이
대 들 주 서 둘 러 전 약 견 바 음 들 거 카 솔
질 사 라 짐 날 문 자 너 감 춤 호 텔 터 카 물 장
```

전쟁
푹신한
주장
나인
성인
뜨거운
사라짐
서둘러
덮음
감동

가축
혼동
약물
견적
잊어 버려
계피
호텔
검색 중
우유
위치

Puzzle 5

레	선	거	어	루	크	문	장	부	리	거	발	전	셀	운
질	다	사	결	셀	의	람	요	도	한	리	적	짓	쌀	고
퓨	스	무	리	부	퓨	주	퓨	동	을	람	동	공	끔	빌
트	을	실	낌	견	위	자	노	를	고	이	람	다	들	드
재	킷	노	에	람	도	발	도	파	괴	굽	누	군	가	도
트	굽	어	트	문	결	률	도	도	법	동	짓	북	요	사
필	수	동	깨	법	법	션	은	다	은	도	표	크	동	자
부	루	표	끗	찍	끔	은	용	운	솔	카	시	다	찍	물
적	을	달	한	코	젊	결	다	문	문	고	덮	찍	동	감
측	션	대	컴	적	름	올	장	필	사	적	개	리	터	굴
까	마	귀	기	젊	거	은	한	전	대	풍	욕	지	방	맞
늘	자	사	젊	거	쌀	견	람	한	목	추	식	동	의	의
제	카	을	동	노	자	문	내	용	도	체	서	카	전	카
문	션	범	문	한	트	이	파	를	화	거	끔	공	도	발

선거	법률
지방	필수
내용	사무실
파괴	필사적
서식지	빌드
목욕	기름
덮개	코스
표시	깨끗한
까마귀	누군가
평화	재킷

Puzzle 6

```
이 용 문 을 문 한 은 받 트 숫 돌 거 크 상 동
맞 결 자 맞 한 올 의 절 절 람 한 동 트 자 노 동
굴 행 절 곤 젊 자 문 트 문 젊 한 법 로 월 동
늘 셀 피 반 딧 불 에 위 이 용 크 바 늘 로 쌀
춤 동 노 러 러 바 한 필 용 레 질 들 연 우 컴
바 운 공 풍 노 전 문 용 적 인 집 풍 결 범 문
위 강 아 지 셀 질 측 돌 문 보 말 를 도 언 어
육 두 구 결 계 리 측 느 터 우 레 장 언 어 컴
문 느 주 저 산 러 주 스 사 제 행 짓 트 집 측
공 레 리 파 기 들 마 도 용 을 들 추 셀 들 부
전 분 굽 문 세 한 을 한 절 국 개 물 을 느 리
북 저 법 올 파 물 러 부 이 천 미 을 견 루 절
리 장 집 날 한 동 동 마 무 리 오 기 이 다 러
요 결 바 한 범 너 스 너 달 늘 표 를 달 도 바
```

육두구	연결
레인보우	강아지
세기	도용을
주저	분리
상자	언어
숫돌	반딧불
피곤한	마스터
월로우	마무리오기
계산기	천국을
개미	저장

Puzzle 7

퓨	찍	의	생	루	눈	표	동	을	범	여	을	감	춤	바
로	구	좋	일	도	덩	람	거	터	짓	고	하	기	웃	셀
누	집	아	춤	견	이	어	의	로	인	트	발	대	음	유
고	파	하	날	공	을	북	루	장	정	제	사	방	에	리
질	끔	는	기	쓰	솔	다	전	을	굴	전	측	대	굴	한
트	운	돌	람	맞	도	맞	춤	감	쌀	은	한	끔	너	부
은	필	감	질	트	랑	전	도	짓	로	끔	용	위	셀	듣
자	포	문	바	전	대	장	고	측	용	바	크	사	은	고
에	도	로	에	동	결	사	고	셀	바	트	로	문	거	일
바	카	부	북	도	를	발	전	이	이	이	위	자	퓨	어
범	올	동	춤	끔	감	쌀	풍	데	범	라	레	적	을	났
체	카	문	추	결	올	주	업	한	퓨	이	질	맞	로	다
거	주	자	물	표	리	노	젙	크	스	하	젙	결	도	했
람	아	빠	까	지	금	쌀	도	람	위	돌	물	러	동	한

누구의
쓰기는
생일
좋아하는
일어났다
포도
업데이트
도랑
감기
했다

듣고
에 대하여
하이라이트
아빠까지
유리한
눈덩이
사방에
웃음
금지
인정

Puzzle 8

자	운	은	느	더	이	파	스	공	주	한	동	솔	느	하
바	북	젊	트	느	벌	한	타	법	동	질	블	맞	문	락
에	너	러	굽	처	물	도	일	한	짓	결	루	노	결	을
너	체	짓	올	바	건	짜	증	나	게	절	절	쌀	날	표
지	부	레	카	바	바	적	굽	터	러	달	을	부	용	사
굽	터	춤	절	측	감	어	리	에	운	을	자	문	용	문
강	하	가	이	러	풍	션	이	자	어	로	질	주	완	은
절	단	락	결	코	풍	집	부	이	발	굽	력	전	전	필
이	범	어	문	낌	한	바	시	프	자	중	의	대	히	문
찍	스	을	북	을	집	다	도	로	늘	전	말	스	문	퓨
소	날	요	트	트	었	문	낌	젝	의	동	낌	날	동	문
원	셀	인	범	끊	낌	요	필	트	노	영	화	발	돌	스
범	거	한	거	의	셀	어	물	로	질	바	람	바	꼼	이
위	크	고	스	문	어	문	쌀	범	케	이	크	금	액	날

중력
짜증나게
소원
시도
완전히
물건
단락
끊었다
간하가
처벌

프로젝트
결코
스타일
블루
에너지
영화
요인
하락을
케이크금액
스파이더

Puzzle 9

사	사	문	문	한	법	스	탬	프	휘	발	유	트	대	신
바	이	을	자	풍	카	끔	체	동	스	올	이	퓨	을	션
달	트	도	감	무	거	운	끔	찍	에	문	도	도	은	주
를	단	리	맞	들	람	로	물	문	다	바	어	위	을	의
로	결	순	절	한	찬	장	젊	사	부	바	문	문	을	바
노	자	다	한	자	너	견	찍	사	친	기	대	터	이	동
질	동	감	한	한	집	풍	을	퓨	은	구	동	주	한	달
느	차	도	받	션	은	위	로	람	표	달	리	바	운	을
위	도	굽	로	크	자	끔	이	받	어	스	동	어	풍	포
모	방	신	굴	감	사	셀	한	이	호	을	도	람	운	스
늘	체	비	한	끔	사	날	트	절	잃	스	사	슴	이	트
종	순	느	찾	아	오	시	는	길	다	부	트	비	명	를
류	무	퓨	사	용	퓨	을	날	대	제	절	카	동	도	트
의	짓	스	사	퓨	은	레	을	한	트	바	늘	요	동	이

찾아오시는 길	사슴이
포스트를	친구
순무	자동차
사이트	비명
모방	스탬프
신비	기대
무거운	잃다
대신	단순한
찬장	종류의
호스트	휘발유

Puzzle 10

트	문	제	카	다	레	트	로	한	동	른	날	춤	들	들
필	감	돌	문	리	동	부	트	다	물	질	북	터	느	셀
바	을	풍	선	페	인	트	애	들	아	코	질	결	용	절
문	부	끔	결	를	발	주	특	트	운	코	한	들	증	을
수	줍	음	돌	동	솔	은	정	을	춤	질	셀	람	오	감
장	격	물	에	쌀	자	날	자	안	감	문	발	찍	부	한
누	군	가	의	퓨	발	은	퓨	람	전	말	추	감	러	도
카	터	느	표	주	동	돌	요	낌	한	한	은	표	말	주
용	발	풍	셀	발	은	북	사	용	맞	파	리	증	트	용
크	로	말	주	끔	로	도	한	느	은	고	동	기	사	고
절	끔	적	법	입	절	북	춤	외	비	추	작	은	춤	제
컴	솔	트	용	술	태	양	예	결	행	주	퓨	말	어	문
솔	리	행	주	을	러	퓨	발	기	를	로	트	어	은
이	카	한	사	정	보	주	이	동	물	낌	진	흙	다	파

태양	가격
증기	안전한
코코아	수줍음
증오	예외
풍선페인트	비행기
진흙	누군가의
특정	입술
얘들 아	작은
다른	정보
물질	적용

Puzzle 11

카	꼼	션	바	자	바	날	적	시	즌	카	돌	동	측	받
받	바	이	게	크	찍	늘	은	달	리	기	물	문	주	셀
늘	트	쌀	럽	을	겸	동	문	파	거	동	동	들	셀	올
다	사	의	스	루	손	끔	집	추	굴	동	늘	거	다	트
솔	에	쟁	통	다	로	질	부	거	를	춤	짓	올	절	한
퓨	경	결	고	체	오	자	날	를	젊	대	은	문	추	위
바	문	공	드	춤	소	풍	도	컴	팩	동	다	루	어	람
절	돌	도	름	자	리	가	난	을	트	트	행	트	돌	
문	사	움	격	날	을	리	문	를	견	솔	질	퓨	을	도
트	말	이	필	달	은	너	느	쌀	자	의	측	한	루	한
달	파	성	요	필	맞	동	한	노	한	다	풍	람	동	느
문	다	능	날	주	카	리	범	동	달	말	부	적	발	솔
로	은	가	운	영	집	중	느	람	변	부	적	절	한	지
도	은	감	행	풍	스	걸	림	새	수	크	이	발	바	불

지불	겸손
집중	걸림새
컴팩트	경쟁
고통스럽게	부추
시즌	가능성이
필요성	자격이
부적절한	달리기
고드름	가난을
변수	운영
도움이	오소리

Puzzle 12

적 올 픈 고 배 아 직 물 노 다 굽 동 각 이 막
결 견 꼼 귀 위 바 자 은 션 행 카 대 종 두 어
스 리 문 한 셀 대 날 문 러 용 노 퓨 오 맞 한
리 받 한 찍 있 었 다 위 원 회 말 은 춤 를 다
짓 고 주 파 장 을 파 크 스 찍 루 늘 주 자 동
바 양 주 위 을 셀 트 한 찍 한 도 여 자 터 스
노 이 대 돌 짜 동 크 체 로 와 체 가 람 치 굽
을 트 문 진 받 표 측 운 문 체 가 한 말 추 풍
말 바 북 발 달 사 견 다 용 은 한 의 한 북 들
카 부 자 공 러 춤 고 춤 션 로 운 모 말 추 풍
대 바 들 도 굽 어 립 부 위 카 거 한 한 교 길
말 한 동 찍 문 머 하 체 포 용 물 터 학 길 를
어 문 달 느 질 니 는 느 을 용 을 을 즐 발 풍
찍 주 의 말 셀 거 결 바 로 발 침 실 발 풍 로

을 즐길
급여와
터치
배고픈
진짜
고립하는
오두막
어머니
노트북
다행

모의가
학교를
각종
체포
고양이
아직
있었다위원회
침실
도로가
고귀한

Puzzle 13

장	느	셀	제	찍	트	리	레	바	은	받	러	할	이	위	
부	질	주	션	스	세	액	물	참	고	사	항	아	맞	제	
찍	자	한	버	블	라	우	스	늘	다	끔	말	버	동	자	
부	도	자	카	의	한	을	전	동	장	문	굴	지	구	돌	
루	사	동	용	한	용	문	을	들	위	한	결	에	스	바	레
공	찍	문	제	운	젊	을	를	들	필	감	동	을	베	리	주
다	의	퓨	러	부	질	션	이	걸	로	민	체	표	리	주	들
쌀	분	드	리	집	추	적	로	낌	핏	질	날	카	동	들	도
바	부	질	공	원	장	권	도	용	러	하	문	들	바	크	
느	대	이	야	기	정	한	발	대	용	느	면	한	을	춤	
춤	러	은	파	을	체	부	발	필	운	노	체	수	람	의	을
만	날	이	공	주	성	여	비	용	트	한	들	락	의	대	공
족	한	느	발	은	주	컴	기	분	을	상	하	게	대	공	
카	테	고	리	쌀	한	거	루	람	문	고	다	로	루	사	

버스트	할아버지
부드러운	참고 사항
액세스	공원
수락	대부분의
만족	비용
이야기	구스베리
민감한	카테고리
블라우스	기분을상하게
감동을	권한 부여
정체성	걸핏하면

Puzzle 14

법	굽	솔	한	로	포	아	무	것	도	공	어	동	찍	날
받	터	자	은	전	함	체	루	레	짓	람	시	물	주	느
측	용	터	반	부	하	카	모	두	리	동	스	원	날	발
라	일	락	늘	매	여	쌀	람	비	느	부	트	에	물	을
느	의	느	판	퓨	주	레	짓	장	즈	자	를	간	젊	람
로	동	부	추	거	운	짓	도	루	동	니	질	든	은	찍
돌	발	기	관	용	중	간	카	은	너	파	스	이	케	위
션	솔	물	거	러	필	파	운	용	범	자	노	엇	터	험
행	행	에	짓	레	굽	젊	트	러	컴	문	제	무	문	하
용	돌	따	르	십	시	요	에	장	트	은	바	표	너	게
컴	도	파	또	말	동	자	문	제	도	바	고	한	다	의
리	퓨	자	다	크	거	받	체	달	문	날	체	트	이	루
바	솔	크	른	을	젊	맞	람	사	도	필	이	에	동	솔
제	달	솔	짓	발	파	측	체	리	법	로	카	자	전	발

카운트에	반전
비즈니스	어시스트
중간	동물원
아무것도	라일락
포함하여	거짓
판매	위험하게
따르십시요	부자
모두	기관
무엇이든간에	또 다른
체리	케이스

Puzzle 15

컴	문	대	동	쁜	주	페	느	섬	문	용	법	루	자	션
드	문	사	예	한	람	이	나	세	거	종	종	을	거	공
디	은	더	을	행	금	지	세	거	종	에	을	은	집	덴
어	간	다	동	질	종	교	한	로	한	용	스	웨	튼	을
날	트	올	한	리	에	쌀	보	컴	가	은	공	커	튼	을
레	를	트	보	물	터	견	기	올	적	북	고	필	느	동
을	물	크	기	용	로	거	은	내	절	거	절	느	동	젎
감	견	요	트	절	문	측	말	동	이	느	행	전	제	노
들	은	터	을	결	트	부	파	자	바	법	법	제	은	람
생	람	문	필	껌	적	너	생	찍	공	이	표	은	동	늘
산	트	을	공	이	수	을	의	야	터	끔	에	다	적	거
은	도	개	너	공	요	풍	쌀	물	구	표	사	자	이	견
들	달	인	요	다	일	거	솔	바	트	도	을	질	이	러
그	됨	이	한	동	발	돌	도	자	받	부	한	스	필	러

개인이
생각
종종
생산은
지금
섬세한보기
나이
도달됨
페이지
수요일

스웨덴
간다
보기
아내가
야구
더 예쁜
드디어
그들은
커튼
종교

Puzzle 16

이	크	문	표	끔	절	느	트	자	문	결	한	를	전	요
바	레	위	제	공	끔	한	마	연	북	바	행	한	속	로
하	용	바	거	개	리	소	스	도	용	주	들	력	으	대
위	말	보	고	을	발	결	장	퓨	어	디	결	를	로	제
압	다	짓	안	락	한	부	맞	달	주	크	한	행	요	조
축	늘	어	한	너	범	식	물	굴	느	질	적	로	위	느
필	한	운	트	노	법	동	한	에	퓨	로	젊	션	측	컴
맞	한	쌀	카	부	적	표	부	제	짓	터	쌀	은	이	표
풍	동	너	문	을	끔	사	돌	올	레	맞	트	주	자	물
필	불	응	답	하	십	시	오	시	십	으	믿	도	도	법
촛	용	한	용	다	측	독	수	리	짓	적	거	울	이	에
솔	다	로	여	고	이	끔	호	끼	장	을	부	트	주	부
체	람	쌀	섯	들	돌	퓨	토	동	션	러	동	문	리	로
도	측	바	동	들	굴	전	루	추	짓	느	늘	리	트	로

제조	개발
토끼	촛불
독수리	안락한
응답하십시오	전속력으로
하위 압축	어디
리소스	거울
식물	호수
믿으십시오	여섯
크레용	지연도
바보	스마트

Puzzle 17

좋 동 대 황 색 집 퍼 핀 추 문 결 운 셀 을 깔
부 은 바 발 을 트 결 천 한 추 적 도 람 측 한
다 들 필 도 쌀 루 결 동 바 덕 루 보 달 이 제
맞 람 맞 누 구 풍 낌 견 도 결 트 안 행 쌀 실
발 사 노 올 풍 필 한 용 확 거 기 이 송 해 사
요 분 을 필 압 동 달 꼼 인 대 이 짓 눈 측 결
결 다 이 장 력 대 찍 필 전 러 짓 견 부 자 트
부 감 도 광 범 어 질 요 문 공 견 도 자 젊 측
느 절 요 경 부 결 동 올 운 너 너 주 집 이 요
춤 올 도 북 을 집 대 체 을 너 자 짓 한 주 이
쌀 부 파 돌 트 자 자 올 바 솔 발 자 문 한 를
위 주 고 주 전 문 크 부 어 루 단 동 동 달 물
발 체 늘 바 크 추 용 감 한 단 단 동 한 달 터
위 다 터 흡 수 늘 컴 용 은 늘 발 다 동 한 터

좋은   거기
단단한   깔끔한
누구   압력
실행이   광경
도덕적   분노
용감한   추천
퍼핀   황색
사람들은   확인
해결   흡수
눈송이   보안이

Puzzle 18

```
달 은 발 위 를 문 점 체 굽 진 엔 집 견 제 스
크 범 도 공 한 문 검 부 어 다 른 사 람 혼 용
공 간 을 밀 가 루 을 주 발 범 람 카 용 자 리
적 물 로 문 레 벨 부 레 한 찍 찍 발 문 고 들
한 자 동 감 발 말 셀 도 운 은 션 행 무 쌀 용
체 레 크 필 젊 늘 풍 을 로 파 어 트 법 를 견
스 사 철 강 리 문 컴 질 범 주 은 질 원 의 쌀
역 자 랑 스 럽 다 북 자 절 발 주 도 용 컴 에
한 트 풍 뉴 바 말 집 제 발 이 은 고 을 문 동
질 체 을 법 착 집 에 한 용 의 맞 을 법 동 트
부 을 퓨 한 용 유 트 춤 주 들 젊 로 의 트 를
끔 들 대 쌀 거 은 용 다 절 러 문 대 동 북 이
추 구 질 람 용 솔 솔 로 대 람 낌 트 동 를 로
러 절 퓨 느 전 태 생 을 올 어 이 북 를 이 로
```

레벨	자랑 스럽다
태생	추구
주어진	강철
밀가루	점검을
고무를	역사
뉴스	혼자
유용한	엔진
다른 사람	법원의
착용	공간을
철사	절대

Puzzle 19

짓	집	문	측	결	감	부	한	애	레	쌀	수	정	놀	문
로	솔	한	동	발	을	을	바	완	날	트	들	파	을	람
즐	겁	게	오	히	려	삽	발	동	중	동	필	형	식	주
을	발	젊	을	문	동	입	결	물	대	을	동	문	솔	동
필	춤	람	로	위	늘	늘	받	한	이	늘	부	말	러	체
동	도	동	컴	에	도	나	방	측	질	범	을	절	을	을
용	견	짓	셀	결	퓨	솔	자	위	젊	바	풍	를	한	은
느	크	카	너	키	퓨	질	올	굴	문	대	트	한	의	범
공	터	짓	스	감	리	초	찍	바	의	느	트	의	굴	이
주	루	동	자	풍	날	콜	사	용	가	능	앞	파	주	자
로	용	트	플	리	퍼	릿	학	업	론	자	돌	공	주	제
쌀	트	앵	위	민	주	주	의	테	이	블	짓	다	문	절
동	공	절	무	한	셀	이	문	절	북	다	거	다	북	터
은	고	느	로	새	맞	질	쌀	동	고	래	한	용	북	

플리퍼	초콜릿
삽입	테이블
나방	학업
사용 가능	오히려
놀람	고래
즐겁게	앵무새
애완 동물	형식
중대한	앞으로
수정	민주주의
스키	이론

Puzzle 20

의	물	용	다	컴	한	은	바	얼	문	행	발	북	낌	기
셀	트	맞	두	다	고	질	이	음	체	터	퓨	법	라	리
젊	자	로	려	이	대	려	풍	운	람	문	한	바	퓨	다
운	찍	스	워	트	북	솔	하	법	질	말	해	젊	람	바
로	달	거	견	로	짓	견	다	십	발	발	발	수	운	의
미	바	도	트	초	등	학	교	크	시	걷	기	동	운	늘
흥	래	공	스	을	동	스	들	이	안	오	들	크	용	한
음	낌	로	러	질	솔	어	날	문	녕	문	쌀	북	문	굽
식	한	노	션	트	풍	자	문	터	하	젊	다	어	동	대
의	양	모	슬	레	지	로	결	공	세	그	감	도	양	풍
적	도	바	쌀	한	바	바	닥	바	요	랜	피	드	모	문
고	한	이	상	한	잔	디	밭	법	을	드	로	용	낌	을
바	문	을	낌	스	부	풍	고	너	느	집	한	낌	춤	사
은	짓	질	스	폭	력	쌀	쌀	러	를	노	추	컴	솔	부

그랜드	피드
고려하십시오	음식의
흥미로운	걷기
안녕하세요	양모
초등학교	얼음
수동	해바라기
폭력	슬레지
모양의	잔디밭
바닥	이상한
미래	두려워

Puzzle 21

이	득	건	요	트	올	위	사	동	이	용	한	낌	이	한
양	필	물	루	풍	목	적	러	은	물	해	수	찍	바	문
고	굴	낌	션	질	러	자	주	낌	물	원	션	행	루	찍
끼	페	이	스	풍	션	자	적	쌀	너	현	을	산	으	우
새	굴	로	느	보	행	을	러	필	질	재	공	이	로	블
다	은	로	에	고	체	계	을	션	느	질	낌	람	파	바
적	은	동	행	서	물	위	다	러	노	은	을	끔	를	행
제	공	위	늘	전	사	거	람	질	도	자	낌	용	한	날
달	거	퓨	거	문	용	은	루	날	자	올	말	측	카	큐
물	장	집	추	자	대	감	적	절	한	들	제	범	드	피
절	올	셀	요	장	전	도	범	다	견	동	사	범	용	드
리	요	한	동	람	퓨	자	자	섹	발	이	러	끔	용	의
로	람	받	러	질	도	추	풍	션	유	리	도	용	의	결
고	끔	동	장	을	추	적	받	필	의	노	은	북	결	고

보고서	블로우
수행으로	현재
산업	카드
섹션	큐피드의
페이스	유리
목적	적절한
새끼 고양이	이동
체계	이득
동물원을	용해
건물	제공

Puzzle 22

들	법	느	낌	선	언	받	행	퓨	레	을	터	뜻	센	됨
동	추	필	굽	공	운	한	고	를	쌀	쌀	텀	터	터	송
약	요	션	을	범	대	학	원	보	냈	다	프	는	도	전
치	료	필	받	거	문	의	장	면	한	에	바	도	컴	들
다	표	장	너	을	풍	부	한	심	세	운	찍	컴	사	굽
루	퓨	한	추	쌀	한	자	부	요	을	은	필	식	파	자
의	동	이	굽	도	결	공	문	질	앤	주	주	사	감	부
문	느	문	젊	받	달	운	용	노	티	굽	제	전	결	를
을	고	바	늘	법	레	의	은	표	크	짓	컴	추	늘	발
레	법	은	측	쪽	거	문	너	이	를	필	에	젊	의	를
체	발	위	왼	굽	감	춤	레	개	올	적	으	로	스	결
영	감	주	기	바	션	젊	절	인	장	북	로	당	파	파
맞	젊	발	트	문	느	러	짓	이	고	법	날	기	치	훔
맞	을	한	스	트	람	의	발	루	트	용	문	기	자	용

뜻텀프	당기기
훔치기	개인적으로
선언	부문
영감 주기	풍부한
앤티크	치료
식사	세심한
보냈다	치약
센터는	왼쪽
도전	장면
대학원	전송됨

Puzzle 23

추	파	느	법	전	강	부	이	오	는	중	행	결	측	문
거	증	명	레	젊	조	카	나	리	아	도	로	터	정	고
문	전	낌	도	추	비	타	민	소	리	내	어	북	동	셀
리	바	제	한	구	바	람	은	체	달	부	절	은	맞	의
퓨	전	끔	장	은	바	바	감	문	트	루	트	바	굽	문
달	필	도	쌀	올	거	자	물	굴	솔	바	문	받	요	컴
문	너	파	파	스	젊	체	개	북	용	구	고	맙	푸	터
쌀	용	셀	동	견	문	결	들	다	트	입	표	싱	시	자
펜	용	맞	제	을	겨	너	질	운	도	도	춤	게	행	행
싱	러	결	동	발	울	대	발	달	말	추	바	공	크	도
굴	고	문	젊	로	전	람	문	풍	장	절	퓨	장	도	한
넷	째	법	터	공	을	춤	사	체	정	의	올	도	늘	젊
주	컴	스	타	킹	스	웨	터	용	견	쌀	굴	로	도	느
바	요	트	도	발	의	용	스	이	문	한	운	람	늘	

정의	푸시
증명	바람
소리내어	스웨터
카나리아	강조
넷째	겨울
비타민	결정
물개	고맙게도
오는 중	바구니
펜싱	스타킹
싱크	구입

Puzzle 24

사	리	로	운	바	퓨	동	고	발	측	위	굴	션	터	동
체	랑	서	명	카	부	에	을	춤	춤	사	십	감	유	노
돌	로	스	운	의	바	보	풍	견	리	광	대	한	동	형
거	말	주	러	이	한	이	시	다	노	을	올	장	문	낌
람	표	람	범	운	추	지	스	견	범	용	동	웅	돌	위
낭	추	솔	올	빼	미	않	템	과	어	루	행	이	굴	견
비	질	마	커	행	대	는	결	이	리	주	을	동	중	앙
장	러	한	올	법	동	다	컴	질	쌀	찍	체	도	질	트
기	계	에	의	존	용	파	체	동	러	법	물	운	오	부
법	퓨	트	도	코	끼	리	너	리	자	문	낌	바	래	젊
운	필	가	돌	구	문	체	바	주	법	달	다	다	된	을
올	용	격	측	리	크	많	풍	용	굴	은	추	크	고	풍
크	풍	은	느	동	한	이	오	류	를	터	제	문	은	물
동	문	자	이	말	문	찍	발	컴	물	굽	절	트	문	들

사십	결과
서명	구리
중앙	올빼미
낭비	오래된
웅장한	보이지 않는
많이	시스템
마커	사랑스러운
가격은	광대 한
코끼리	유형
기계에 의존	오류를

Puzzle 25

```
짓 한 쌀 을 을 고 적 저 끔 요 에 동 운 자 풍 측
스 한 제 주 용 느 을 녁 발 음 행 도 은 트 한 다
트 한 끔 공 름 스 식 문 노 람 다 체 한 대 부 거
림 문 너 러 에 추 사 파 크 트 대 을 은 부 동 에
부 에 맞 을 동 도 도 셀 질 주 해 골 물 공 느 이
쌀 운 쌀 기 찍 로 린 질 능 유 지 짓 은 트 블 바
질 발 동 대 늘 흐 거 굴 에 지 수 셀 물 션 은 러
바 은 풍 감 령 집 물 한 시 터 올 춤 은 공 트 트
셀 한 한 전 통 적 인 행 켜 장 단 한 기 은 로 일
젊 전 사 동 크 대 적 전 용 간 카 질 로 공 다 내
에 감 말 집 에 다 표 력 러 카 질 로 다 문 요 들
노 발 스 절 올 춤 레 매 루 트 물 를 토 로 도 이
적 굽 컴 동 감 부 도 범 영 합 니 다 돌 한 이 션
맞 쌀 감 다 느 행 환 영 합 니 다 돌 한 이 션
```

대통령	기대하는
전통적인	공기
내일	블록은
지수	주름을
간단한	토요일
능력	흐린
유지시켜	매력적인
해골	스트림
저녁 식사	환영 합니다
발음	전용

Puzzle 26

군	인	트	범	돌	양	다	체	젊	생	전	컴	닙	스	파
자	굴	약	부	고	상	리	질	각	북	운	바	폰	지	부
달	달	주	물	래	추	받	한	나	이	주	을	지	파	노
을	노	집	노	은	발	느	질	게	러	느	느	유	부	너
거	카	솔	은	춤	자	고	용	합	루	범	공	행	노	발
사	터	을	레	적	느	동	어	니	리	법	트	번	너	법
받	다	올	한	스	주	북	적	다	행	북	다	째	발	용
측	절	장	컴	요	레	늘	체	찍	한	별	특	는	법	기
낌	행	로	협	귀	여	운	풍	다	한	동	컴	로	용	늘
성	맞	있	젊	상	솔	에	체	짓	돌	짓	물	고	기	자
용	분	어	체	요	크	바	트	로	절	컴	공	좋	자	자
책	임	자	다	트	필	부	쌀	법	동	로	아	굽		
그	물	받	문	추	을	쌀	부	사	용	동	루	집	아	자
짓	은	북	찍	문	셀	어	춤	끼	돌	루	물	굽	문	발	션	굽

좋아
생각나게 합니다
스폰지
성분
다리
끔찍한
물고기
파스닙
돌고래
협상

특별한
책임자
군인
양상추
그물
약물은
번째는
유지
있어
귀여운

Puzzle 27

셀	터	소	한	달	장	문	날	집	행	되	필	을	은	터
이	양	션	제	짓	쌀	장	소	질	느	돌	찍	범	스	법
영	느	이	북	주	들	을	질	날	질	리	을	측	쌀	발
전	이	감	짓	레	끔	레	바	을	장	기	질	한	발	발
리	질	요	들	임	보	고	전	동	셀	돌	루	대	운	말
애	퓨	물	동	무	들	필	트	돌	돌	집	사	굽	금	도
부	정	짓	터	는	자	스	끔	달	됨	작	시	시	입	기
동	동	을	운	파	테	에	셀	들	카	없	음	험	구	록
노	종	레	한	을	에	솔	모	춤	한	용	슬	느	이	표
셀	류	바	를	용	션	춤	든	전	측	받	라	범	범	다
문	리	관	용	위	치	찾	기	형	람	특	스	쌀	장	자
느	찍	계	카	감	절	춤	사	측	굽	도	히	셀	발	체
받	문	를	대	법	추	대	발	곱	하	기	부	발	다	동
끔	장	스	카	추	이	트	쌀	춤	에	발	람	용	쌀	을

종류	슬라이드
전형	보고
관계를	되돌리기
테스트	위치 찾기
금입구	곱하기
모든	없음
임무는	기록
시작됨	애정을
특히	장소
시험	영양소

Puzzle 28

전	정	상	회	담	늘	는	집	노	부	끔	퓨	어	한	찍
로	위	느	부	부	수	있	습	니	다	모	지	웨	하	장
주	풍	춤	부	정	질	맛	리	이	측	심	퓨	운	늘	주
장	느	용	러	적	한	필	를	트	사	운	감	타	의	기
를	약	로	돌	인	동	주	동	트	노	한	장	이	북	공
요	크	다	풍	끔	로	달	적	컴	주	고	용	집	대	도
발	굴	위	풍	젊	현	은	솔	바	용	용	돌	트	짓	적
을	피	아	을	범	맞	굽	메	로	젊	돌	체	주	가
은	자	쌀	노	집	날	달	동	인	전	발	카	어	스
부	느	자	동	용	사	션	스	회	그	장	자	문	소
발	동	바	얇	은	에	맞	한	받	동	리	발	우	에	발
노	컴	감	동	너	을	스	추	주	에	기	경	을	한	만
질	러	을	바	젊	셀	추	추	젊	받	다	굽	을	한	한
터	받	운	전	부	리	대	대	장	을	질	에	를	공	적

주기	실현
피아노	돌풍을
경우에만	맛있는
주스	정상 회담
부정적인	부모
그리기	얇은
수 있습니다	회전
하늘의	소스가
메인	요약
타운웨어	심지어

Puzzle 29

비	워	짐	존	감	은	의	대	너	크	트	굽	요	컴	자
관	바	이	재	도	은	끔	체	전	주	꺼	을	끔	이	름
화	을	요	하	제	한	짓	를	행	한	짐	에	부	다	들
영	리	한	는	전	굽	생	기	이	달	트	쌀	로	교	고
사	러	분	결	주	솔	산	쁘	설	선	호	을	찍	회	은
에	브	충	를	주	법	를	게	정	바	느	너	올	파	절
용	이	결	짓	경	발	주	보	돌	솔	동	트	한	표	운
트	라	진	행	요	력	늘	다	바	북	발	부	추	북	범
솔	트	춤	은	문	레	셀	짓	말	트	문	족	레	부	
터	장	짓	부	인	애	플	다	제	솔	발	한	질	도	
고	그	행	풍	날	다	기	금	를	자	트	거	바	물	
요	로	녀	문	한	주	장	거	굽	신	받	부	에	바	
자	퓨	사	동	쌀	트	돌	에	은	주	이	어	제	올	
셀	운	부	이	찍	젊	에	감	을	노	대	장	리	셀	올

비워짐	영리한
생산	진행경력
파인애플	그녀
설정	기금
선호	충분한
기쁘게보다	교회
존재하는	이름
대체를	라이브러리
부족한	영화관
자신이	꺼짐

Puzzle 30

감	위	험	이	트	문	동	노	적	굴	풍	를	발	은	양
장	가	법	크	림	동	돌	은	팔	전	초	달	집	도	파
방	문	법	을	표	말	씀	을	로	기	주	용	셀	파	낌
션	전	빠	르	게	크	을	쪽	우	막	속	한	범	느	더
법	용	견	주	한	체	느	서	이	로	이	제	결	용	똑
낌	트	발	로	거	동	굴	집	리	가	기	날	필	추	똑
감	쌀	쌀	자	은	짓	션	문	로	의	느	은	바	용	한
바	한	발	퓨	동	부	부	법	낌	이	대	컴	리	래	험
춤	다	쌀	이	필	북	동	진	정	졸	업	장	노	올	위
비	동	풍	카	리	느	춤	의	바	이	날	을	한	리	춤
정	사	체	고	받	범	로	전	굽	굽	질	공	어	레	받
형	터	바	쌀	동	트	어	한	쌀	바	북	은	장	주	느
올	적	거	범	제	다	다	의	내	맞	말	법	추	물	자
전	고	격	은	터	로	집	트	것	고	체	컴	젊	션	낌

내 것	속이기
말씀을	팔로우
더 똑똑한	방문
전문가	양파
노래	위험이
진정	빠르게
서쪽을	위험한
가로막기	기초
졸업장	적격
비정형	크림

Puzzle 31

```
크 동 범 션 부 트 러 적 를 루 요 셀 제 굴 굴
문 범 체 범 범 은 적 립 자 수 많 은 어 샤 인 북
고 집 한 동 필 이 발 쌀 문 파 사 달 들 발 리 도
부 질 동 동 춤 질 기 를 경 험 고 표 만 절 운 이
범 카 굽 물 바 했 낌 여 성 문 바 도 시 흔 거 운
느 체 천 을 각 한 체 적 문 로 쌀 리 러 들 문 림
너 자 국 생 행 문 션 의 늘 장 관 에 체 림 낌 짓
올 로 색 다 문 부 퓨 불 올 문 련 굽 낌 질 스 낌
법 라 날 느 루 한 약 행 션 피 도 용 쌀 사 물 물
보 대 날 러 질 스 속 돌 느 아 대 발 컴 동 결 결
트 풍 한 들 돌 거 질 쌀 어 노 낌 늘 도 컴 질 춤
젊 용 바 루 람 끔 부 레 로 를 을 발 견 스 사 질
의 늘 굽 괭 이 끔 한 한 춤 문 낌 늘 스 도 동 컴
짓 으 르 렁 넓 게 법 문 도 받 표 바 스 질 춤
```

제어	관련
으르렁	약속
넓게	생각했기
샤인	여성
만들어	괭이
보라색	경험
피아노를	불행
문장	수많은
천국	흔들림
도시	적립

Puzzle 32

감	부	운	젊	젊	레	은	쳤	점	수	맞	늘	다	한	문
문	은	포	켓	문	한	르	장	은	터	메	도	다	쌀	한
결	돌	흰	색	질	가	파	짓	노	파	뚜	위	감	다	대
적	표	에	람	을	물	대	고	지	가	기	공	쌀	제	찍
춤	대	받	한	부	터	동	레	리	체	전	운	을	찍	터
카	주	견	너	끔	운	운	문	달	너	들	발	버	용	용
을	이	끔	지	친	어	적	어	의	끔	동	굴	을	크	크
용	표	돌	중	측	로	사	로	판	비	문	정	범	측	측
제	트	바	요	튜	견	을	동	매	트	풍	요	쌀	풍	풍
은	받	원	한	브	러	자	느	자	노	농	찍	을	발	발
주	짓	가	필	한	적	솔	카	을	스	장	다	문	요	로
용	문	문	용	공	제	티	스	트	전	공	맞	굴	장	터
로	원	트	바	범	굽	필	히	체	도	늘	북	필	터	로
직	션	견	말	춤	솔	솔	노	위	셀	을	크	은	어	로

지리	버터
직원	중요한
지친	공적
튜브	가지고
메뚜기	흰색
아티스트 전공	정치적
농장	비판
뭔가	히트
포켓	가르쳤
판매자	점수

Puzzle 33

문	코	없	는	우	려	사	항	을	발	컬	렉	션	체	측
짓	파	바	전	트	표	짓	느	대	쌀	사	질	달	카	다
찍	질	바	이	전	전	짓	감	도	동	찍	어	한	끔	측
문	받	포	크	쌀	파	굽	터	제	제	늘	찍	질	셀	바
행	자	컴	문	견	표	은	가	굴	행	복	한	요	맞	쌀
동	트	다	끔	발	돌	끔	구	장	한	절	한	용	측	션
짓	문	질	장	문	끔	다	너	성	시	다	바	최	값	거
권	용	퓨	한	에	받	느	동	나	를	은	어	끔	굽	위
굽	한	적	올	물	추	올	느	리	자	굴	터	모	다	을
은	사	문	다	컴	공	맞	주	오	노	자	드	공	거	올
파	필	동	리	퓨	을	크	노	을	행	탠	찍	풍	부	정
제	술	를	정	측	사	로	트	절	운	러	스	심	조	은
문	한	춤	보	적	을	지	한	컴	절	테	한	을	다	정
멋	지	게	를	결	자	상	굽	낌	트	감	솔	필	너	은

조정	포크
테러	가장 행복한
지상	거부
최대값	스탠드
시장	정보를
멋지게	측정
조심스러운	구성
모험	컬렉션
우려 사항	권한
시나리오	코없는

Puzzle 34

날	퓨	풍	돌	도	크	트	달	바	달	절	유	질	로	베
터	질	느	퓨	장	일	적	용	날	로	명	끔	달	이	킹
체	느	노	저	집	치	셀	행	스	행	션	한	안	편	느
트	돌	이	항	를	자	을	질	컴	감	트	물	요	자	젊
이	이	트	굴	용	자	춤	아	루	노	법	람	카	고	문
들	은	맞	거	문	로	범	니	행	터	부	흔	발	은	부
을	쌀	파	에	법	말	표	라	낌	올	콥	들	이	아	매
을	이	도	문	문	전	에	굴	레	거	사	리	거	어	체
적	측	합	질	북	느	말	제	말	했	다	는	헬	위	를
한	카	니	한	극	장	주	요	세	계	히	녕	안	문	느
을	낌	다	위	권	위	필	동	을	행	발	로	터	동	측
트	느	트	견	도	퓨	문	용	법	카	감	들	굽	러	주
도	고	바	장	스	터	재	어	도	너	트	람	솔	풍	쌀
늘	발	크	느	스	인	발	집	거	로	트	부	동	의	쌀

저항	편안한
베이킹	동요
말했다	필요
북극권	파도합니다
안녕히 계세요	거리
흔들리는	아니라
매체를	유명한
헬리콥터	인재
아이들	일치
용어집	전에

Puzzle 35

을	카	저	대	우	퓨	북	체	트	은	노	바	로	용	낌	문	대
다	느	렴	범	리	려	공	달	공	동	터	이	트	달	문	너
측	공	한	동	주	로	의	펠	행	돌	공	파	위	북	시	달	문
용	치	정	파	을	거	한	트	문	를	행	컴	어	어	트	굴	스
느	모	진	짓	돌	운	주	말	견	달	느	어	날	법	굴	노
북	이	두	을	이	러	즉	부	솔	를	풍	을	달	시	제	드
트	날	견	에	문	시	맞	을	날	패	셀	트	로	롭
늘	거	교	수	게	북	결	느	따	소	턴	다	굴	솔
표	퓨	찍	문	루	자	결	법	라	설	노	을	로	끔
를	제	내	보	내	기	식	지	서	을	북	요	루	너
문	외	적	용	동	점	수	도	명	가	로	사	동	의
한	한	다	집	상	도	박	측	찍	끔	발	발	문	범
동	문	의	필	의	용	레	질	날	고	대	집	범	젊
레	솔	추	운	질	다	행	쌀	발	부	전	맞	말	젊	의

제외
스노드롭
정치
명랑가
상점
따라서
지도
즉시
소설
지식

수박
패턴
시트
펠트
진정한
모두에게
교수
내보내기
저렴한
우려의

Puzzle 36

```
올 대 용 문 감 늘 터 주 속 성 션 너 추 고 고
요 느 운 집 대 굽 표 퓨 공 레 삼 촌 을 달 감
늘 추 어 은 연 결 을 물 동 로 다 적 전 자 바
하 이 한 날 결 달 파 찍 춤 은 공 은 부 루 방
우 느 주 굽 처 문 체 필 북 말 셀 망 한 가 표
스 솔 방 짓 을 느 적 용 법 표 야 사 책 발 스
측 도 문 거 놀 란 개 최 되 었 다 과 돌 질 커
쌀 발 굽 제 인 식 한 은 의 채 야 들 채 유 트
의 맞 결 문 질 자 끔 분 한 리 션 쌀 능 절 로
바 다 이 치 도 고 러 혜 택 을 바 재 내 일
한 컴 동 견 명 여 춤 경 낌 달 물 바 능 을 컴
동 문 션 물 한 적 부 력 키 체 트 의 에 표 용
바 발 끔 셀 문 어 인 늘 위 레 다 적 행 감 문
은 집 터 를 솔 트 발 을 문 절 을 컴 를 적 맞
```

사과	스커트
키위	재능내일
연락처	경력
개최되었다	야망
주방	유채과야채의
삼촌을	하우스
속성	혜택을
놀란	여러분의
책가방	인식
하늘	치명적인

Puzzle 37

을	짓	선	제	질	돌	고	뛰	쌀	동	수	행	람	발	요
도	말	디	테	표	바	문	어	따	라	사	행	늘	동	누
거	토	얼	디	짓	동	제	바	필	추	은	부	동	카	구
사	마	적	적	부	받	고	안	지	행	바	한	느	온	나
건	토	느	법	다	사	를	아	돼	역	급	행	져	다	트
이	북	거	추	의	추	한	굴	행	날	견	가	눈	용	리
명	로	늘	한	절	스	짓	를	적	트	범	자	사	너	전
발	스	견	리	스	동	카	거	동	퓨	올	솔	람	올	러
침	대	말	사	제	러	주	어	로	감	바	젊	어	터	위
운	측	카	트	집	루	러	자	은	결	받	어	춤	도	람
용	쌀	늘	용	한	추	의	관	리	적	낌	쌀	문	장	질
을	달	발	이	루	달	주	견	거	범	동	의	은	다	주
어	연	다	느	트	바	파	부	을	문	다	법	짓	질	결
감	습	들	추	달	은	위	공	주	부	바	한	노	트	람

거북이	안아
테디	관리
지역	선디얼
토마토	침대
수행	가져온
눈사람	연습
발명이	급행
동사	뛰어
돼지	사건이
따라	누구나

Puzzle 38

쌀	퓨	루	다	효	경	찰	이	풍	한	도	동	부	짓	촬
트	리	들	트	력	추	도	거	끔	션	상	호	작	용	영
이	문	법	요	춤	동	크	을	루	문	전	끔	션	을	을
화	장	이	견	버	굴	적	솔	도	을	문	젊	필	법	레
늘	트	선	반	팔	주	을	젊	람	트	높	이	운	셀	쌀
터	한	부	람	로	끔	절	을	부	짓	고	바	춤	노	찍
실	용	고	동	다	필	문	이	트	느	집	자	주	찍	운
레	제	주	굽	감	말	굴	위	동	건	강	본	을	젊	표
대	어	로	공	식	이	용	언	리	다	물	낌	을	다	도
계	분	모	주	용	컴	스	제	웃	었	다	들	먹	고	추
획	추	느	문	견	파	한	든	자	이	아	이	기	고	북
아	에	한	자	부	다	다	지	스	로	짓	을	러	거	표
가	로	체	레	동	돌	문	측	파	늘	에	짓	동	노	표
씨	들	늘	트	절	들	풍	바	루	굽	부	쌀	람	말	표

선반
먹기
상호 작용
트리
높이
솔루션도
화이트
건강
실제로
아들

촬영
공식이
계획아가씨
분모
효력
웃었다
자본
경찰이
버팔로
언제든지

Puzzle 39

자	받	솔	솔	리	찍	사	주	을	한	다	바	터	짓	어
동	공	개	풍	쌀	에	제	어	셀	용	물	다	달	글	딘
끔	비	지	지	발	발	션	를	로	이	러	했	러	로	가
요	정	무	우	솔	집	문	컴	적	로	바	를	올	우	에
도	견	사	기	질	표	용	퓨	말	러	리	끼	다	필	한
바	한	질	그	림	자	로	트	트	운	용	토	을	원	공
파	부	동	의	부	필	바	주	을	도	러	솔	춤	형	퓨
열	짓	리	루	바	트	한	가	여	부	기	동	러	자	적
자	기	람	제	트	동	퓨	져	루	발	적	대	들	대	파
다	트	찍	공	문	너	질	오	점	받	달	풍	바	낌	노
어	쩌	면	풍	추	터	트	기	화	포	도	를	선	물	부
의	트	견	부	물	춤	리	느	시	은	을	제	솔	절	필
절	한	행	고	문	이	한	춤	켜	날	부	도	노	을	전
바	말	측	노	력	발	러	은	축	구	한	로	용	다	리

포도를	토끼를했다
정지	그림자
어딘가에	어쩌면
지우기	바다
선물	축구
점화시켜	열기
노력	동기부여가
너트	정비공
글로우	무지개
가져오기	원형

Puzzle 40

샴	스	법	감	을	고	은	법	받	질	시	제	어	은	맞
푸	한	컴	체	을	품	주	아	포	함	터	파	날	견	문
끔	회	의	한	동	다	의	산	이	쾅	살	한	람	질	을
솔	너	한	골	동	크	문	만	날	리	젊	트	어	적	솔
쌀	위	을	위	늘	한	용	이	풍	발	스	다	도	바	전
비	행	기	를	기	껌	레	의	운	용	니	끔	로	체	노
루	사	체	솔	후	한	받	감	견	아	은	느	컴	셀	찍
발	다	껌	갔	은	을	도	션	도	션	이	부	질	필	들
의	발	주	다	고	한	껌	느	자	션	굽	러	올	운	크
자	한	에	터	껌	육	루	다	범	주	을	느	집	트	젊
그	주	트	은	수	상	도	고	스	커	로	노	고	동	을
에	을	한	아	기	요	운	은	받	플	용	한	들	들	북
게	동	은	체	루	문	받	트	익	숙	한	셀	루	감	감
질	짓	로	레	동	이	적	제	거	필	공	주	공	달	감

산만	비행기를
익숙한	아기
상수	아이리스
샴푸	행위
크로커스	골동품
살쾅이	그에게
시제	회의
도 아니다	육상
포함	키플
갔다	기후

Puzzle 41

이	점	은	한	람	질	발	무	너	로	람	숨	물	을	크
동	끔	늘	부	다	운	질	엇	리	한	솔	기	은	물	북
자	다	전	북	문	공	결	을	북	용	문	기	찍	주	맞
흰	족	제	비	퓨	부	달	하	제	은	운	를	도	에	맞
이	해	쌀	에	다	를	견	는	로	쌀	솔	이	바	형	들
견	부	를	쌀	트	솔	느	물	집	래	날	을	파	식	이
기	쌀	치	즈	도	비	싼	용	아	법	이	분	정	으	전
념	절	터	춤	터	맞	적	말	한	기	각	출	부	로	리
일	질	느	바	은	변	어	디	에	나	동	바	문	말	실
너	셀	에	문	동	경	견	솔	한	주	말	한	교	날
답	문	찍	파	동	한	범	주	문	퍼	짐	문	공	바	표
동	변	의	조	파	견	고	제	너	자	주	동	루	어
을	추	돌	랑	포	함	하	는	은	루	다	다	너	감
한	찍	거	말	쌀	어	공	돌	로	퓨	질	의	은	들

어디에나	아래
기념일	숨기기를
형식으로	교실
흰 족제비	분출
포함하는	기각
조랑말	치즈
퍼짐	비싼
답변	이점
변경	정부
무엇을하는	이해

Puzzle 42

이	바	한	부	끄	러	워	한	자	루	얼	받	굴	젊	짓
이	로	을	측	필	요	로	받	물	제	룩	로	거	범	퓨
을	달	주	트	받	날	돌	집	늘	리	말	말	주	자	날
북	달	돌	주	무	엇	자	한	위	터	적	북	달	퓨	바
피	트	을	도	의	도	트	명	날	파	들	장	솔	용	문
자	은	이	다	짓	기	보	끔	사	러	대	돌	용	전	로
솔	늘	요	감	추	고	한	대	거	끔	도	의	전	맞	질
운	물	호	멸	터	양	난	짧	들	느	찍	질	람	찍	대
바	시	랑	망	다	문	가	은	로	쌀	전	스	질	용	동
바	계	이	셀	법	로	범	솔	거	당	근	문	적	주	적
공	범	들	로	람	집	위	로	젊	발	진	문	맞	적	제
컴	북	다	짓	들	물	달	쌀	로	주	행	람	러	쌀	바
주	부	표	람	터	저	카	이	쌀	감	부	시	적	람	범
체	을	을	컴	고	렴	북	필	레	전	바	의	문	람	

진행시	당근
물리적	얼룩말
호랑이	무엇
짧은	피자
양고기	범위
시계	보트
다양한	거대한
멸망	의무
명사	가난한
부끄러워	저렴

Puzzle 43

바	필	행	먼	지	투	성	이	다	은	오	돌	질	에	느
찍	문	늘	에	자	받	을	짓	솔	시	라	운	드	퓨	달
필	파	물	발	적	동	연	범	십	체	리	카	셀	동	한
제	위	원	회	의	자	쌀	하	급	료	도	느	트	한	집
람	트	한	돌	러	확	정	편	찍	결	퓨	문	솔	언	용
리	를	굽	러	고	예	대	지	을	느	젊	날	돌	덕	질
범	체	트	필	춤	들	맞	를	고	미	는	사	이	에	서
견	이	열	레	결	고	한	은	집	사	문	션	러	동	로
게	바	대	긍	정	적	레	운	부	스	트	파	터	찍	스
리	문	터	고	터	느	자	을	굽	루	레	자	동	를	퓨
은	샌	를	지	고	부	받	감	부	발	문	절	한	전	표
을	드	감	출	용	적	솔	바	자	문	트	용	주	돌	견
질	캐	로	부	들	문	받	자	되	감	기	상	태	트	을
찍	슬	동	한	문	에	문	자	로	퓨	견	타	원	형	를

먼지 투성이	언덕
상태	열대
지출	게이트
긍정적	정확도
미는	급료
고도의	예정하십시오
사이에서	편지를
타원형	자연
라운드	샌드캐슬
되감기	위원회

Puzzle 44

물	질	적	바	넥	션	어	결	느	맞	을	쌀	오	거	달
동	문	로	로	타	기	감	혼	부	을	은	발	파	후	션
굽	필	터	스	이	로	를	너	끔	책	어	빨	강	공	느
사	에	동	거	에	찍	에	동	한	수	임	속	부	체	질
주	너	찍	염	소	결	도	측	한	측	전	있	은	을	러
사	용	처	음	부	터	끝	까	지	을	리	장	는	너	다
어	을	러	카	강	동	동	느	발	발	크	도	필	셀	은
자	눈	물	다	우	배	은	바	다	느	표	을	션	노	동
측	발	주	동	량	견	에	따	르	면	한	체	최	근	추
치	아	도	동	솔	을	을	러	달	끔	동	어	춤	문	북
셀	초	기	루	다	을	젊	낌	장	바	에	쌀	늘	추	은
도	부	받	션	견	다	동	을	달	터	문	조	고	을	견
견	달	루	절	레	닥	스	쌀	요	을	주	합	전	제	에
받	문	위	크	다	은	터	이	레	내	요	문	용	이	에

넥타이	에 따르면
조합	빨강
사용	염소
배우다	책임있는
눈물	결혼
닥터	치아
속임수	강우량
초기	처음부터 끝까지
최근	오후
내레이터	기타

Puzzle 45

용 감 너 떠 받 달 수 트 한 집 은 맞 끔 한 바
질 결 풍 나 올 콤 요 공 이 쌀 달 한 동 가 늘
문 돌 고 다 적 한 주 너 낌 러 결 은 전 정 질
퓨 을 한 부 차 대 기 컴 어 트 아 마 도 됨 춤
프 법 를 트 달 이 용 주 결 맞 도 리 문 발 약
레 바 돌 배 문 문 동 법 리 트 질 춤 바 트 관
스 낌 요 포 감 부 크 리 바 들 을 부 필 쌀 젊
크 늘 올 굽 은 제 자 도 카 결 표 절 을 을 절
달 다 받 젊 주 말 로 문 부 들 집 견 집 젊 범
범 집 람 문 날 느 을 위 리 법 자 표 컴 쌀 퓨
잡 에 질 물 바 을 부 동 버 을 달 트 견 다 문
지 졸 업 생 허 수 아 비 스 들 을 동 동 제 주
늑 부 달 관 리 자 가 어 수 집 한 을 일 리 한
파 대 레 러 을 풍 표 주 떤 도 를 트 한 질 한

주말	버스
동일한	약관
수달	가정됨
졸업생	달콤한
수집	배포
늑대	어떤
허수아비	프레스
관리자가	아마도
대기	떠나다
차이	잡지

Puzzle 46

```
늘 카 을 루 도 요 달 문 솔 용 치 람 문 대 동
동 와 절 컴 워 공 전 신 말 열 러 추 바 결 결
굴 카 함 서 바 퓨 너 선 한 풍 을 체 절 카 절
로 바 무 께 언 다 용 문 한 질 주 받 결 어 마
터 제 운 법 한 의 주 한 씨 주 날 도 이 이 이
사 용 자 정 의 쌀 행 날 요 달 이 카 고 한 너
학 교 퓨 교 육 늘 돌 문 노 리 리 짓 이 용 를
들 퓨 결 을 을 운 맞 고 블 거 양 문 이 쌀
이 받 메 리 파 쌀 한 달 린 제 찍 다 퓨 을
트 리 요 트 티 요 낌 질 울 새 카 바 바 을
자 물 굽 한 행 사 카 동 크 느 절 어 적
로 끔 문 발 파 질 다 자 바 결 올 용 말 카 은
껌 치 터 보 파 의 추 퓨 전 스 을 동 카 측
한 킨 한 다 문 러 을 도 들 사 부 은 트 은
```

울새는	약어
조언	고블린
마이너를	용이함
날씨	신선한
메리	교육
파티	와 함께
치열한	치킨
거짓말	사용자 정의
학교	무서워
보다	양말이

Puzzle 47

위	측	해	설	경	기	장	다	동	경	동	에	크	낌	한
러	치	요	도	질	동	니	동	운	찰	문	의	스	쌀	용
사	망	는	감	대	합	을	해	안	관	대	쌀	용	쌀	리
용	집	한	필	개	끔	바	레	필	동	행	거	춤	고	춤
바	을	의	소	질	이	을	은	도	이	솔	견	빛	나	다
컴	퓨	터	로	받	공	거	집	트	의	요	용	이	짓	나
젊	람	터	발	부	외	운	개	최	콘	어	동	자	에	만
풍	전	날	문	체	침	을	절	한	텐	이	자	을	도	체
바	루	스	동	집	부	을	말	달	츠	도	러	질	동	리
퀴	느	쌀	받	절	상	문	도	들	용	말	한	관	리	자
어	쌀	를	자	질	장	대	절	발	범	범	파	들	북	중
풍	달	법	당	신	파	바	방	도	은	루	새	굽	바	복
을	찍	어	동	로	컴	거	바	을	램	그	로	프	을	은
이	질	문	리	트	굴	한	고	로	다	느	운	로	맞	람

중복	개최
망치	빛나다
경기장	관리자
당신	위치는
컴퓨터	새로운
콘텐츠	외침
만나다	소개합니다
바퀴	경찰관
해설	프로그램을
해안	상대방

Puzzle 48

달	북	을	무	견	한	컴	적	노	을	범	투	사	질	스	
려	여	부	기	동	바	문	올	들	사	셀	명	너	레	를	
있	질	자	문	돌	춤	달	컴	을	한	은	한	드	소	리	
으	로	질	트	다	북	북	표	체	문	느	트	용	질	러	
십	이	자	러	람	문	이	끔	이	대	루	질	바	을	브	
시	굽	신	끔	이	굴	날	짓	트	트	도	달	질	대	이	
오	질	범	대	도	검	사	됨	너	루	부	젊	춤	셀	라	
퓨	을	체	추	쌀	주	뒤	에	위	스	스	올	물	돌	끔	
도	발	그	러	므	로	러	질	추	받	올	젊	사	한	트	
달	은	너	조	구	한	들	부	위	퓨	다	자	막	러	은	
대	용	한	각	다	도	장	쌀	춤	느	동	행	질	질	랙	
션	력	션	퓨	주	짓	운	소	동	달	젊	맞	풍	블	동	
입	돌	터	다	트	바	다	음	루	스	자	날	스	부	루	
너	동	트	문	굴	쌀	동	카	자	근	처	달	트	동	올	

사막	동행
소리	뒤에
소음	블랙
달려 있으십시오	구조
무기	근처
투명한	입력
라이브러리를	자신
도달	조각
그러므로	동기부여
검사됨	드레스

Puzzle 49

공	어	받	자	스	을	늘	표	면	문	루	러	주	부	춤
션	용	말	조	물	레	크	리	에	이	션	자	느	주	들
퓨	적	로	건	트	트	법	맞	들	파	터	주	감	러	맞
로	카	을	얻	터	범	은	늘	짓	젊	의	자	문	어	돌
에	대	거	파	찍	물	질	측	퓨	장	요	자	동	맞	대
들	트	필	러	결	풍	사	다	한	바	은	북	신	문	질
표	컴	한	요	북	너	주	돌	전	필	북	적	정	감	받
질	쌀	은	쌀	디	자	인	한	한	감	올	스	크	도
부	람	달	한	말	돌	수	느	맞	컴	터	받	부	대
말	춤	체	굽	휘	은	익	트	카	소	방	관	대	질
컴	스	주	니	어	깨	경	성	부	맞	보	여	준	돌
짓	외	북	절	레	느	로	있	끔	질	은	결	범	다
느	국	부	부	느	받	셀	게	도	체	주	발	짓	올
로	을	동	질	위	읽	기	위	도	끔	발	준	비	금

소방관
보여준
테니스
자신감
표면
필요한
수익성 있게
물건을
어깨
경로

건조
디자인
외국
레크리에이션
위기
어휘
을 얻
읽기
감정적
준비금의

Puzzle 50

추	범	견	협	의	회	감	러	을	문	사	다	도	원	성
퓨	춤	끔	솔	행	컴	셀	주	감	끔	운	말	신	정	가
자	문	이	를	받	부	한	제	을	어	위	자	절	파	시
부	족	늘	문	문	컴	은	적	은	을	적	한	젊	늘	게
전	부	스	동	사	풍	부	모	집	위	고	셀	문	주	문
표	을	트	발	셀	공	통	자	텔	적	션	주	다	솔	위
받	바	감	달	체	대	공	끔	커	이	레	체	짓	용	집
범	을	굴	전	의	적	쌀	전	피	많	카	위	굴	노	의
크	은	이	도	위	운	행	늘	무	은	주	리	파	의	트
이	트	리	카	감	거	견	거	막	말	문	쌀	굴	한	한
유	지	보	수	람	위	노	천	표	은	질	도	을	동	동
요	뽀	족	한	쌀	쌀	거	한	의	말	법	을	동	을	리
콘	도	르	창	받	필	식	받	짓	은	트	질	을	집	집
을	을	솔	화	넥	타	별	문	문	솔	스	틱	다	집	

화창한   천막
넥타   협의회
많은   가정
식별   성가 시게
신원   거의
유지 보수   뾰족한
무릎   부족
스틱   공통
모텔   콘도르
쌀쌀한   커피

Puzzle 51

은	동	파	집	동	받	을	로	앞	플	농	컴	한	시	느
절	한	찍	사	체	이	표	치	라	구	이	상	험	컴
션	한	부	공	장	높	은	마	스	외	말	한	고
문	을	동	을	은	적	체	을	틱	관	퓨	다	노
트	날	용	견	짓	증	쌀	을	한	를	실	트	측
다	주	트	올	질	맞	거	람	찍	험	행	로	은
을	잘	로	사	공	고	동	트	질	레	느	트	바
파	한	못	이	주	짓	너	풍	돌	돌	자	분
부	부	컴	된	감	도	동	컴	법	풍	주	적	행	달
젊	찍	부	갑	카	짓	을	을	솔	리	한	결	문	도
솔	짓	찍	작	카	발	쌀	을	솔	을	북	을	션	거
춤	제	거	스	끔	비	법	션	이	항	적	냥	문
동	한	발	런	주	그	녀	의	루	주	목	바
쌀	적	리	파	전	기	심	로	션	을	을	사	고
	한	호	그	심	로	람	운	북	통	향

호기심	가장 높은
사냥	앞치마
시험한다	갑작스런
증거	분자
사이	고통
농구외관	고향
그녀의	플라스틱
실험	솔루션
항목을	비전
잘못된	이상

Puzzle 52

발	도	를	은	를	느	짓	를	감	느	고	발	오	용	늘
받	합	계	명	확	하	게	햄	스	터	쌀	시	쉬	운	러
말	동	조	용	한	메	시	지	요	달	십	정	책	결	파
추	젊	안	고	낌	어	측	컴	퓨	다	너	굽	주	한	을
내	부	너	동	여	하	함	포	를	쌀	늘	백	용	사	다
드	북	동	스	도	바	추	게	에	트	인	페	체	람	동
럼	추	측	굴	은	을	무	위	문	솔	고	체	쌀	을	문
로	감	한	행	쌀	션	엘	프	동	동	을	풍	적	을	집
리	도	굽	발	부	범	스	끔	돌	레	다	문	카	파	동
용	끔	체	춤	션	백	포	다	컴	주	전	자	리	터	한
트	들	젊	쌀	춤	만	츠	용	사	결	부	이	필	도	찍
부	이	동	끔	절	은	견	에	다	표	질	풍	람	굴	질
한	을	범	올	바	고	트	젊	표	트	을	의	질	다	도
절	발	코	너	솔	스	사	셀	측	트	법	이	추	도	짓

정책	동안
내부	백조
스포츠	드럼
사람을	무게를 다십시오
페인트에게	엘프
쉬운	명확하게
조용한	코너
주전자	메시지
배만	햄스터
합계	를 포함하여

Puzzle 53

예	측	젊	북	로	록	이	한	를	표	더	레	집	체	동
지	네	루	은	비	도	루	루	트	주	나	부	은	카	질
정	체	러	늘	견	레	노	북	도	주	은	늘	한	트	쌀
시	도	엉	받	어	레	한	동	체	감	를	문	문	스	솔
일	낌	키	한	들	만	리	쌀	한	바	사	대	이	요	대
결	루	게	굽	컴	찬	바	발	춤	공	를	클	미	의	문
다	였	하	주	요	퓨	을	로	터	수	자	립	주	자	주
컴	파	는	우	리	의	한	적	점	를	늘	사	을	전	요
북	로	트	너	를	체	측	북	요	동	의	션	항	느	낌
돌	코	트	머	굴	어	결	도	발	른	늘	들	사	마	체
달	요	추	표	들	발	다	절	이	로	으	막	지	리	경
찍	집	위	날	람	굽	은	주	급	속	하	게	공	측	찰
가	로	질	러	물	필	다	은	늘	낌	리	범	측	북	을
러	주	스	쌀	문	다	터	어	카	터	견	이	크	용	질

우리의	게으른
지네	가로 질러
마지막으로	경찰
너머	비록
점수를	예측
만찬	이미
더 나은	공지사항
일시 정지	코트
엉키게 하는	급속하게
하였다	클립

Puzzle 54

바	거	자	자	질	에	컴	귀	물	발	바	신	문	부	주
이	말	은	트	항	오	류	중	짓	바	한	동	사	달	늘
올	빈	질	범	해	주	추	한	다	간	소	화	수	을	발
렛	전	곤	홍	운	예	주	북	루	도	절	은	을	범	바
여	섯	번	째	채	약	머	노	밀	바	날	완	료	문	법
은	춤	러	들	감	질	니	을	바	동	한	날	은	문	션
트	북	장	늘	에	를	을	바	동	표	한	은	발	부	은
젊	로	집	절	러	용	자	말	은	돌	트	리	발	거	추
올	위	한	결	람	자	어	질	문	트	리	받	문	한	루
은	들	동	자	자	운	질	을	느	리	올	너	절	을	체
견	실	제	짓	굴	잠	용	한	리	춤	솔	셀	션	공	터
북	대	올	데	물	자	너	거	짓	피	부	레	문	들	쌀
도	문	터	이	데	리	바	퓨	로	느	람	레	맞	카	로
자	동	들	지	을	용	퓨	마	을	한	자	감	받	스	쌀

간소화
바이올렛
여섯 번째
잠자리
마을
수업
신문
실제
귀중한
밀도

데이지
데이터
피부
항해
빈곤
오류
주머니
완료
홍채
예약

Puzzle 55

노	사	루	솔	발	것	치	질	적	을	바	쌀	쌀	동	끔
추	젊	돌	신	든	주	과	을	느	문	사	이	늘	션	한
측	춤	자	모	에	서	의	찍	락	가	손	대	늘	파	부
이	느	쌀	장	공	자	사	질	견	솔	반	리	들	감	말
어	오	을	부	카	문	한	날	동	린	다	터	느	을	노
짓	션	문	받	동	감	이	춤	한	받	행	들	트	날	집
집	환	퓨	위	은	범	달	절	범	을	동	더	표	견	트
에	경	코	치	느	부	날	때	견	한	발	블	행	터	말
게	에	름	여	발	신	로	로	미	분	주	솔	션	자	한
질	거	로	말	로	다	한	는	친	홍	로	바	너	집	바
의	견	운	낌	을	절	문	문	다	색	부	느	전	이	터
주	사	북	제	제	문	한	부	제	동	질	솔	올	측	
거	트	굴	트	달	노	어	부	쌀	낌	부	문	트	을	노
바	솔	행	다	대	도	전	트	스	용	트	노	질	장	한

주의	반대
분홍색	미친
손가락	로브 신발
여름에게	때로는
모든 것	에서
환경에	오션
신발	의견
모자	가솔린
바느질	치과의사
더블	코치

Puzzle 56

자	자	의	끔	고	자	리	동	람	에	은	행	부	감	행
들	셀	동	추	파	집	감	한	주	감	트	로	올	용	물
편	안	함	굴	을	이	운	누	레	션	자	원	다	서	퓨
에	션	질	을	을	로	로	가	열	부	병	요	발	장	노
대	한	뜻	깊	은	트	날	위	번	절	대	돌	쌀	발	다
범	질	은	날	리	집	스	거	째	거	주	늘	에	끔	정
맞	들	범	동	도	북	셀	용	한	측	카	측	용	물	도
고	범	트	질	추	러	전	결	바	올	트	바	체	날	적
루	느	을	을	용	집	위	위	법	납	쌀	노	에	자	주
너	닭	지	않	은	과	물	질	베	작	비	율	말	하	는
부	은	퓨	로	늘	학	고	른	이	한	트	고	주	파	일
제	를	들	너	들	자	한	파	킹	문	도	끔	션	메	사
퓨	노	말	대	도	굽	체	전	을	언	조	추	어	발	끔
카	표	람	조	위	쌀	짓	사	크	한	거	감	한	러	날

말하는
거위가
베이킹을
조언을
납작한
따뜻한
누가
열 번째
메일
대조

편안함
병원
부대
고른
뜻깊은
닦지 않은
용서
비율
정도
과학자

Puzzle 57

컴	다	리	동	부	터	표	리	스	너	서	특	문	바	감
체	용	집	님	루	노	준	말	바	를	비	위	별	자	풍
제	들	생	다	감	용	페	레	감	스	바	을	끔	제	받
체	선	아	발	을	션	이	행	추	적	를	끔	스	한	집
용	낌	마	법	도	지	헤	비	나	해	을	스	한	위	요
끔	자	궤	도	을	주	아	콤	팩	트	야	고	은	요	행
동	자	한	에	션	너	인	셀	굴	발	한	들	전	행	짓
굴	사	발	추	로	발	장	난	발	노	다	의	전	젊	결
필	문	적	견	다	찍	리	용	요	적	고	간	운	동	카
바	늘	북	바	부	공	셀	받	로	북	을	인	까	법	발
들	이	루	한	도	을	도	보	후	제	동	컴	가	카	쌀
체	셀	람	찍	한	이	경	안	발	은	동	집	는	한	리
트	날	위	로	이	루	주	법	명	말	주	결	중	한	감
느	감	이	노	들	을	굴	의	측	문	행	질	요	감	문

선생님	아마
나비헤지	보안
특별	가는 중
인간의	궤도
표준	그들의
발명	후보
발생	이들
가까운	장난
안경	페이지아인
서비스를해야한다고	콤팩트

Puzzle 58

올	필	문	제	잠	받	자	버	솔	거	유	쌀	부	로	동
적	거	발	요	금	동	굽	전	하	자	체	을	를	용	트
자	배	치	감	눈	문	컴	들	한	보	굽	늘	달	한	집
견	공	집	동	말	느	운	풍	동	내	트	하	날	말	젊
감	사	하	게	쌀	느	요	자	바	기	피	기	람	얄	주
트	집	동	컴	리	한	맞	동	스	위	늘	원	로	용	범
오	렌	지	서	학	생	대	질	문	동	정	셀	제	돌	용
말	젊	제	터	필	노	이	젊	느	을	짓	젊	터	북	풍
용	절	용	위	한	들	낌	은	퓨	단	솔	용	자	바	제
한	동	굽	냉	표	어	자	날	계	세	부	스	북	를	견
굴	은	굴	장	추	자	문	크	파	북	날	용	러	야	채
용	올	체	고	부	셀	측	크	끔	퓨	자	굽	주	러	를
용	용	질	카	늘	한	발	트	춤	달	제	람	체	를	채
을	문	일	반	적	으	로	도	북	스	북	대	접	하	자

정원	버전
세계	하자
로얄	일반적으로
서리	감사하게
대접하자	야채
단계	잠금
보내기	눈동자
냉장고	오렌지
학생	유체
배치	피하기

Puzzle 59

받	날	람	굴	한	쌀	동	냄	가	행	퓨	적	스	터	질
늘	션	추	보	호	리	한	새	새	입	도	발	생	한	다
춤	질	자	참	가	자	가	결	냄	달	에	람	바	을	굽
법	공	은	위	은	터	쌀	공	냄	스	질	끔	을	질	은
문	루	들	추	범	을	트	젊	발	올	이	솔	찍	솔	이
북	물	찍	범	이	이	바	제	니	머	어	집	카	너	문
이	주	감	이	쌀	바	제	문	행	접	춤	올	짓	쌀	솔
솔	맞	솔	부	도	적	문	퓨	람	바	젊	이	너	부	문
다	다	째	절	어	러	람	우	운	마	올	짓	쌀	끔	거
지	맞	번	굴	도	느	을	스	어	을	이	트	부	짓	필
침	테	두	리	조	을	주	행	에	맞	트	를	카	다	사
굴	홍	수	질	약	한	터	위	로	바	를	에	북	바	바
범	운	크	돌	범	제	들	제	바	법	에	맞	바	용	레
필	표	솔	대	문	적	용	집	운	전	송	인	기	있	동

어머니를
조약
두 번째
냄새
우스운
지침
마이너
테두리
발생한다
행위에

인기있는
냄새가
가입
홍수
보호
또한
자위
참가자가
전송
접어

Puzzle 60

요	질	동	견	알	도	질	거	트	램	바	적	올	늘	위
굽	위	기	주	려	빌	주	한	바	쌀	운	낌	결	굽	주
법	집	트	발	진	동	질	체	동	은	운	적	대	헌	신
다	환	범	날	터	사	굽	너	필	이	물	받	대	문	을
라	경	찍	끔	발	문	이	풍	발	이	부	위	동	자	트
대	운	느	용	자	다	은	바	들	을	필	정	부	크	너
주	필	드	졸	린	페	말	자	거	추	적	착	적	컴	발
여	자	짓	라	문	인	러	인	리	한	동	민	당	감	물
말	행	문	바	는	트	운	쥐	터	녹	색	용	한	동	장
법	을	을	한	끔	깔	박	클	뷰	법	색	행	셀	리	자
어	동	운	발	열	행	도	라	이	찍	인	치	감	리	질
자	을	솔	견	셀	도	움	우	들	한	제	주	문	에	낌
를	주	문	대	춤	파	말	드	발	감	어	문	에	리	풍
북	에	터	쌀	말	을	은	결	를	대	바	다	날	측	풍

졸린	여행을
빌려주기	도움말
클라우드	환경
깔끔한을	헌신
트램	추적
녹색	알려진
페인트	부적당한
정착민	라운드라는
발열	인터뷰
박쥐	인치

Puzzle 61

시	리	즈	위	솔	장	트	션	용	크	람	징	장	말	범
주	부	주	컴	질	주	너	양	식	자	특	발	한	참	문
행	발	대	연	간	자	동	찍	동	러	용	절	받	여	러
의	다	람	풍	감	한	운	한	노	에	부	발	견	할	제
문	장	끔	북	위	질	어	은	위	노	단	한	은	받	대
자	노	언	쌀	문	양	를	을	달	의	컴	순	너	감	받
신	굽	급	형	당	배	느	을	주	제	쌀	고	화	드	발
의	인	형	동	사	추	표	쌀	젊	명	확	리	노	래	다
부	너	동	파	자	굴	문	적	춤	노	스	용	한	곤	로
바	맞	파	무	가	물	공	질	미	디	어	체	은	솔	스
을	부	무	스	젊	어	기	발	느	올	사	를	낮	바	측
올	도	스	어	나	감	껍	한	바	표	들	발	은	러	표
견	도	어	부	견	람	한	크	용	은	한	어	젖	로	조
부	문	부	적	를	이	고	굴	문	한	바	느	러	조	건

젖은	자신의
당사자가	언급
나무 껍질	연간
양배추	양식
특징	시리즈
미디어	드래곤
물기	단순화
낮은	조건
참여할	명확히
무스	인형

Puzzle 62

솔	아	말	쌀	를	한	느	동	맞	영	향	을	대	한	람
추	이	동	느	자	찍	질	에	출	대	문	끔	한	쌀	고
노	를	제	문	원	느	용	올	공	들	안	끔	달	리	기
말	시	상	맞	형	문	로	테	마	한	용	트	끔	늘	를
용	감	말	업	을	레	사	쌀	주	주	돌	너	무	로
느	필	바	늘	개	선	로	제	자	한	처	트	람	를	한
맞	필	요	법	주	을	카	트	그	컴	리	장	제	목	표
달	동	퓨	전	동	퓨	견	의	자	레	젊	너	동	돌	추
절	사	굽	을	춤	카	한	동	들	을	동	공	들	부	맞
짓	끔	사	로	젊	낌	문	전	도	자	측	은	드	주
올	결	람	체	컴	어	에	다	주	람	을	션	법	게	트
호	흡	사	들	어	풍	트	로	감	발	트	에	물	게	표
사	컴	집	한	받	동	젊	동	문	견	느	너	북	표	터
은	트	전	문	로	을	굴	비	오	는	중	에	사	이	다

원형을
사람
테마
상업
너무
비오는 중
감시를
아이를
부드럽게
목표

대안
처리
개선
대출에
문제를
고기를
호흡
그림
의지
영향을

Puzzle 63

레	을	짓	풍	거	자	느	을	러	레	딱	절	에	러	체
찍	을	바	측	운	풍	로	레	굽	짓	면	정	범	집	다
관	대	함	주	루	동	들	말	추	거	울	의	벌	운	결
한	부	다	부	문	사	추	노	북	적	쌀	문	컴	레	리
결	한	필	들	다	이	컴	다	낌	올	질	러	제	런	문
대	터	필	로	람	말	크	동	트	제	의	트	위	스	노
셀	터	트	대	쥐	적	쌀	범	사	쌀	주	한	전	난	춤
달	결	위	부	굽	다	바	루	공	다	결	거	확	장	도
은	일	요	월	파	트	를	주	대	사	크	파	용	감	측
을	질	어	콜	리	플	라	워	유	찍	셀	생	활	동	을
사	동	졌	북	운	거	바	을	령	기	술	은	트	필	달
손	질	라	진	전	퓨	주	카	파	필	장	너	용	애	도
로	잡	사	실	에	찍	어	은	은	터	짓	법	트	도	정
은	들	이	아	쌀	파	족	제	비	평	화	로	운	올	들

기술은
거울의
생활
아이들은
진실
평화로운
딱정벌레
장난스런
월요일은
사라 졌어요

족제비
다람쥐
손잡이
콜리플라워
애정
확장
유령
이사
관대함
정면

Puzzle 64

웨	느	퓨	굴	공	필	의	에	평	가	젠	언	풍	을	표
이	안	전	하	게	동	바	션	범	필	트	한	꿀	레	질
크	바	바	들	동	로	위	문	어	절	동	터	벌	필	바
감	주	부	달	제	물	을	추	젊	은	굴	전	북	리	느
문	트	굽	를	전	솔	감	감	맞	운	터	거	한	을	부
스	푼	적	크	파	체	쌀	주	문	도	날	은	바	절	늘
러	로	도	속	고	트	행	문	체	리	돌	자	거	행	한
질	올	컬	어	트	을	대	쌀	결	를	러	트	어	춤	대
끔	발	설	득	사	쌀	사	은	굴	대	굴	문	돌	문	느
에	행	파	문	스	문	과	션	한	자	자	돌	문	고	고
북	질	도	한	전	성	호	이	셀	션	질	노	견	의	전
주	트	한	보	법	원	크	레	드	쌀	을	한	의	표	표
굴	느	트	말	이	은	사	자	경	고	족	스	한	느	느
아	레	나	스	문	는	봉	행	바	짓	아	프	다	문	동

아프다	스푼
꿀벌	안전하게
경고가	아레나
성과	법원
설득	봉사
사자	웨이크
언젠가	가족을
로컬	호크
보이는	드레이크
평가	고속도로

Puzzle 65

사	용	날	용	도	견	주	위	공	레	들	를	용	다	젊
알	고	있	었	다	솔	로	다	르	두	서	추	추	컴	부
제	터	한	크	부	션	인	동	늘	명	복	레	컴	말	람
질	을	짓	낌	스	셀	정	를	설	굽	잡	견	자	주	달
택	시	달	위	문	굴	했	이	은	짓	한	치	짓	변	성
의	행	로	스	동	춤	다	표	문	들	통	자	다	의	리
은	자	적	한	다	컴	발	파	의	너	동	체	받	적	
대	동	지	우	개	을	동	솔	을	이	한	제	한	발	
동	집	배	연	필	바	쌀	견	쌀	동	를	국	찍	동	느
솔	부	한	동	짓	동	확	을	고	물	올	솔	위	주	주
개	리	도	용	컴	노	실	재	고	의	장	문	한	트	말
법	구	이	물	도	쌀	하	십	전	운	소	동	트	파	크
은	젊	리	측	굽	말	게	자	다	을	한	한	솔	전	들
어	셀	노	러	사	굽	은	가	주	동	트	한	운	전	들

택시	복잡한
제한	달성
지우개	동물
설명서를	십자가
주변의	배지
알고 있었다	저장소
서두르다	국제
재고의	개구리
확실하게	연필
인정했다	통치자

Puzzle 66

짓	문	한	쌀	감	셀	은	파	숟	느	회	체	맞	노	도
위	트	들	결	날	을	요	편	가	감	색	몰	받	주	너
동	컴	느	감	고	리	그	을	락	렀	일	파	날	셀	문
당	신	에	게	굴	컴	달	짓	풍	주	을	에	도	를	제
동	벽	동	굴	리	을	파	용	달	문	맞	북	쌀	을	문
굽	레	난	루	용	동	바	달	짓	이	요	끔	범	람	표
추	주	부	로	람	러	한	감	셀	젊	사	끔	요	셀	를
레	이	대	달	끔	레	쌀	드	춤	낌	을	말	에	사	젊
레	다	너	보	자	쌀	결	라	질	추	신	측	기	장	문
표	을	터	유	응	스	도	이	전	왕	자	는	체	애	질
바	견	측	하	시	결	발	버	노	바	도	하	다	한	받
거	법	범	고	크	사	운	용	을	표	대	자	동	느	주
굽	위	들	셀	바	쌀	체	거	람	북	바	철	공	를	풍
나	머	지	질	루	주	컴	쌀	날	한	아	기	의	터	컴

파일럿	철자하는
드라이버	자신을
그리고	벽난로
당신에게	고용
숟가락	회색
나머지	일몰
왕자는	응시
아기의	보유하고
파편	기사를
동굴	장애

Puzzle 67

유	용	굴	감	다	낌	말	어	건	절	부	션	동	한	젊
운	용	도	감	시	북	받	해	포	쌀	동	북	올	은	발
행	부	하	사	바	달	션	위	도	문	도	바	퓨	장	집
셀	여	자	게	계	증	가	를	체	문	굴	람	측	용	행
달	자	을	바	느	단	동	트	트	추	람	을	사	동	주
결	한	전	동	파	계	에	주	요	체	늘	감	시	물	동
장	쌀	부	용	북	크	법	에	낌	션	부	한	로	됨	이
에	지	저	녁	자	문	맞	이	서	대	고	자	헤	동	길
유	방	거	위	행	체	스	짓	의	달	맞	주	발	체	늘
파	연	러	동	부	리	결	를	전	의	위	운	맞	찍	절
물	로	한	숙	성	러	쌀	결	을	느	요	동	션	도	늘
전	은	장	한	전	운	이	장	트	터	측	이	루	체	들
달	에	굴	람	용	늘	행	늘	컴	낌	은	정	돌	찍	절
도	끔	제	물	레	문	범	느	물	문	바	말	동	제	트

감시됨	헤이
를 위해	연방
유연한	여부
증가를	건포도
다시	여자
성숙한	길이
방지	저녁
감사	자주
계단	정말
계단에에서	유용하게

Puzzle 68

부	굽	도	칠	루	발	트	적	사	질	춤	퓨	바	까	로
추	스	토	면	발	체	을	루	을	날	에	도	용	지	터
루	느	리	조	쌀	느	로	젊	에	올	암	동	은	동	사
견	견	적	을	필	짓	끔	늘	을	노	탉	고	를	절	대
위	대	느	이	다	트	로	받	트	방	러	끔	용	용	돌
너	현	피	굴	찍	바	고	카	을	향	고	제	를	를	스
트	문	거	표	질	필	흔	말	을	자	질	람	질	집	풍
용	이	성	한	늘	끔	들	동	루	느	노	짓	집	로	추
느	풍	다	갑	컴	를	기	산	계	주	문	동	로	크	쌀
이	늘	굽	자	부	기	역	질	부	어	트	공	자	집	잔
추	운	찍	기	젊	종	의	발	필	은	필	자	법	어	어
측	짓	운	느	낌	맞	보	견	주	러	러	그	받	문	운
등	장	말	맞	스	컴	물	용	바	한	북	발	머	동	리
느	낌	이	동	대	낌	고	고	쌀	행	한	를	표	동	리

계산기를	등장
느낌	추측
칠면조을	암탉
느낌이	노동자
대피	갑자기
종기를	역할
보물	까지
현대	머그잔
방향	흔들기
용이성	도토리

Puzzle 69

가	한	적	풍	견	들	을	문	집	젊	은	용	고	한	쌀
동	문	를	용	북	정	법	한	대	족	제	비	햄	버	거
부	장	한	올	계	나	위	돌	트	견	용	미	로	북	노
느	가	부	두	번	중	바	은	스	한	의	국	트	동	찍
크	능	도	셀	요	에	오	행	꿈	견	동	의	제	부	박
발	한	다	적	를	도	시	날	트	어	공	수	에	너	물
받	한	퓨	크	빠	문	십	작	옥	수	말	부	셀	대	관
동	문	측	은	아	문	하	이	루	수	운	카	받	공	은
공	션	파	맞	굴	레	유	꿈	의	궁	한	금	트	급	필
끔	터	전	행	맞	도	점	역	할	에	올	한	바	느	남
운	로	문	체	부	문	유	말	동	솔	북	해	리	뷰	부
전	바	한	람	리	늘	문	쌀	결	카	법	고	질	적	문
로	한	약	동	감	발	달	의	절	집	문	올	도	행	전
트	을	날	맞	맞	트	한	쌀	체	이	사	한	올	바	바

나중에   계정을
옥수수   역할에
가능한   공급
남부   점유하십시오
리뷰   두 번
궁금해   박물관은
아빠를   약한
시작   족제비햄버거
미국의   카운트
가동   시도를

Puzzle 70

자	측	러	이	다	돌	충	결	람	다	트	의	필	거	질
발	받	느	의	니	부	성	용	장	주	트	루	찍	자	측
견	이	대	모	립	동	하	고	집	체	올	은	결	노	표
됨	최	노	굽	드	능	는	리	거	크	한	리	발	한	돌
노	을	올	말	하	기	연	끔	측	러	다	은	파	운	쌀
의	로	다	다	축	농	담	올	북	사	문	너	이	나	제
짓	루	풍	을	루	동	동	결	검	사	너	결	짓	귀	느
안	녕	히	가	세	요	측	용	을	도	주	스	루	도	주
사	추	음	동	어	셈	블	리	동	동	날	러	짓	고	한
느	운	않	견	노	러	질	범	바	다	집	짓	어	위	위
사	슨	지	쌀	맞	맞	적	가	대	러	감	양	말	고	질
도	용	하	감	조	측	질	장	문	한	문	을	춤	자	굴
이	적	필	게	은	금	날	거	도	주	바	굴	질	표	바
절	다	문	요	부	거	어	공	집	도	끔	맞	체	크	

말하기
농담
안녕히 가세요
최대의
모의
어셈블리
하지 않음
체크
충돌
가장

검사
양말
연기
발견됨
충성하는
기능
축하드립니다
당나귀
느슨하게
조금

Puzzle 71

프	리	지	어	는	스	견	문	자	리	받	주	얼	쌀	받
을	풍	표	쌀	은	대	을	용	절	스	법	한	굴	주	트
문	도	리	다	쌀	굴	질	체	다	북	트	장	대	심	로
한	맞	거	을	텔	레	비	전	발	대	장	바	동	받	을
트	발	전	레	절	느	컴	돌	절	올	받	사	식	컴	점
다	공	이	이	발	노	루	풍	카	람	호	스	절	은	굴
망	원	경	디	늘	문	버	을	약	간	질	파	멸	질	한
올	람	거	의	한	실	파	속	로	레	클	체	종	절	늘
돌	체	아	무	게	를	찍	질	을	질	람	절	은	문	절
에	이	이	파	공	주	부	카	집	장	북	위	주	모	래
다	맞	디	발	개	받	짓	요	청	아	침	식	사	질	북
솔	측	어	찍	장	채	우	기	자	의	파	필	다	누	도
느	올	위	법	솔	크	공	물	크	에	카	문	을	워	문
굽	을	레	셀	트	대	문	식	문	짓	한	문	루	워	문

텔레비전	간호사
스파클	망원경
점심 식사	채우기
아이디어	약속을
아침 식사	프리지어는
모래	공개
누워	얼굴
실버	레이디
무게	공식
멸종	요청

Puzzle 72

은	레	트	부	절	을	받	병	바	적	물	로	견	달	러
발	리	로	브	라	운	층	래	아	다	날	올	션	집	용
쌀	이	파	범	문	려	에	물	리	전	송	을	맞	용	법
솔	결	주	문	부	어	받	은	에	슬	젊	범	을	용	끔
션	발	리	자	슈	터	트	맞	바	를	문	어	리	주	라
바	크	표	을	람	레	빛	나	적	발	부	자	크	이	드
유	죄	하	지	만	맞	우	불	대	체	네	트	워	범	적
시	금	치	다	정	일	돌	안	북	리	리	의	도	은	질
사	어	한	트	확	방	해	정	느	용	도	굽	올	컴	느
바	자	질	을	한	찍	위	동	를	감	제	자	너	견	측
트	은	표	늘	여	느	션	발	를	을	트	발	계	란	다
질	을	리	발	행	필	에	짓	견	션	러	로	의	노	굴
북	한	물	은	한	전	트	동	춤	요	필	로	의	체	크
리	풍	날	은	리	동	스	을	맞	주	장	그	체	굴	

전송을
불안정
어려운
슈레우
시금치
브라운
병아리
대체
아래층
파슬리

방해
계란
라이드
네트워크
빛나는
여행
그의
유죄하지만
정확한
일정

Puzzle 73

찍	행	바	사	을	행	이	바	질	로	은	공	종	로	터
느	북	리	노	들	다	트	집	동	돌	동	이	이	굽	트
부	느	바	운	문	행	전	통	제	반	추	유	팽	쌀	필
이	주	맞	은	을	도	결	혼	식	은	자	는	달	위	장
을	동	적	문	한	들	젊	터	추	동	투	필	북	측	크
카	부	사	말	올	젊	용	추	느	북	전	자	날	질	질
행	다	막	대	퓨	태	상	성	활	계	동	문	질	질	물
동	레	산	스	때	문	에	파	질	산	추	끔	레	춤	자
말	풍	업	크	주	황	색	적	말	요	필	벌	터	도	다
주	물	느	럽	을	꼼	로	늘	전	당	전	레	절	운	말
질	적	바	절	차	끔	은	다	요	만	들	절	어	진	절
절	날	랍	코	올	달	트	시	올	스	퓨	을	요	꼼	너
다	북	니	인	찍	트	터	간	발	문	질	로	풍	날	노
전	거	다	껌	맞	동	올	도	트	장	굽	레	발	질	용

때문에	이유는
달팽이	스크럽
전통	활동
종이	사막산업
주황색	계산
투자	동반자
시간	무당 벌레
바랍니다	코인
차량	활성 상태
만들어진	결혼식

Puzzle 74

이	굽	필	적	트	결	법	너	바	주	춤	오	걸	주	리
북	동	추	바	다	니	합	야	해	목	퓨	늘	출	극	장
크	날	요	범	전	공	다	부	한	발	소	밤	한	주	위
한	다	문	동	문	트	끔	용	장	어	대	리	한	동	끔
늘	행	맞	제	을	운	어	느	문	을	질	트	감	문	너
카	션	표	한	로	더	운	방	위	발	바	솔	풍	트	느
결	돌	어	자	전	러	션	레	법	필	트	크	트	올	트
문	북	도	범	을	운	할	부	문	제	스	바	동	추	비
나	뭇	잎	루	운	질	아	연	날	물	느	동	자	발	행
한	발	규	칙	자	발	버	풍	솔	의	말	춤	발	적	주
너	을	주	굽	스	러	지	쌀	기	문	이	낚	지	시	제
은	선	주	전	견	쌀	는	짓	계	수	발	적	시	들	소
짓	요	돌	트	을	에	션	카	집	제	깨	진	들	범	로

낚시	연속
걸출한	결합
더러운	기계
해야 합니다	극장
수요	규칙
나뭇잎	목소리
오늘 밤	비행
방위	깨진
반지	할아버지는
자발적	소시지

Puzzle 75

굴 체 충 격 올 재 울 지 원 돌 들 전 자 너 개
측 부 한 의 허 생 타 동 물 물 카 제 요 문 혁
자 파 용 트 감 리 리 샤 워 시 설 을 부 행 대
자 스 을 구 발 헤 케 발 초 점 셔 질 끔 을 질
범 죄 는 한 색 론 부 인 페 니 츠 러 은 아 로
추 받 바 질 문 에 돌 너 어 북 을 동 션 픈 북
거 컴 춤 의 한 물 을 주 트 낌 퓨 을 공 이 굽
필 측 질 동 바 질 싸 사 춤 동 루 의 도 춤 주
한 부 주 을 질 움 행 견 동 결 너 부 가 유 여
거 로 운 집 이 바 날 대 객 한 표 범 바 퓨 전
짓 로 을 바 범 날 터 결 운 한 문 낌 거 받 히
올 도 주 문 굴 로 고 운 한 다 무 의 미 바 동
거 대 주 람 퓨 을 결 쌀 을 짓 바 위 쌀 바 돌
을 솔 이 스 적 레 동 한 날 바 날 운 리 전 로

여전히	헤론
지원	무의미
셔츠	허리케인
샤워 시설	개혁
페니	아픈
싸움	구색
한다	여유가
충격	범죄는
고객	재생
초점	울타리

Puzzle 76

```
션 공 느 터 연 다 기 용 범 젊 정 대 동 주 필
날 을 쌀 분 구 회 간 동 을 표 확 이 한 질 셀
카 자 거 동 말 사 예 술 의 성 다 에 로 올 트
을 적 음 력 을 가 북 절 젤 표 고 이 거 문 퓨
견 찍 다 올 행 다 필 느 표 대 이 용 한 거 필
견 용 런 그 의 션 북 울 주 돌 북 파 주 주 범
을 춤 그 카 부 꿈 보 노 란 색 일 을 찍 제 은
위 한 레 부 미 이 람 도 도 꿈 어 이 뱀 적 끔
물 너 찍 미 꿈 견 견 한 견 일 날 리 질 느 측
감 견 굴 소 쿠 동 대 도 어 이 셀 적 레 부 용
이 한 동 솔 쌍 페 동 러 날 파 질 느 부 곡 선
을 문 물 체 생 달 꿈 신 중 한 들 셀 발 동 곡
너 어 질 부 각 한 한 대 도 이 한 발 동 을 선
카 트 라 인 느 부 스 을 올 필 맞 솔 동 곡 선
```

노란색   예술의
쌍생각   곡선
그런 다음   신중한
일어날 일   기간
뱀파이어   정확성
회사가   음력
미소   이슬
연구   젤리
보울   라인
분말   쿠페

Puzzle 77

```
표 주 어 다 매 옵 부 의 바 발 람 운 고 리 부
을 집 카 로 듭 션 바 재 표 체 이 끔 대 주 은
체 로 트 요 바 에 행 미 문 돌 굴 문 달 질 받
끔 느 러 터 로 터 어 퓨 있 트 공 동 맞 받 은
견 맞 낌 결 남 고 늘 스 동 는 적 발 함 은 풍
크 루 들 컴 노 아 러 를 용 용 을 느 발 로 로
카 션 적 견 남 러 남 을 다 발 대 안 공 다 터
끔 짓 운 가 노 솔 쪽 짓 을 견 바 돌 어 맞 결
레 낌 적 다 쌀 터 젊 레 린 용 을 공 루 춤 어
스 발 합 한 돌 적 크 과 기 여 은 스 문 말 를
등 장 낌 동 솔 람 굽 책 전 로 굽 너 자 질 법
반 낌 러 말 날 산 책 설 러 물 한 문 추 질
은 위 트 초 노 동 말 명 한 은 동 솔 을 짓
```

적합	초원
설명	가을
남아	원숭이
남쪽	고대
불안함	등반
소유	산책과
매듭	옵션
공적을	기린
발견	기여
겁쟁이	재미있는

Puzzle 78

레	은	카	점	차	적	견	공	느	감	카	어	받	법	퓨	맞	트	문	자	질	물	짓
문	한	다	체	부	의	바	바	이	말	노	두	문	범	범	찍	한	을	달	의	솔	돌
수	면	용	을	한	한	컴	늘	황	젊	제	운	북	한	찍	한	을	달	의	솔	요	감
한	잊	었	다	입	것	터	상	집	법	레	이	솔	을	감	들	자	범	공	부	쌀	동
은	돌	공	말	용	용	컴	를	대	운	운	춤	추	감	들	자	범	공	부	쌀	고	주
카	달	은	컴	위	위	웃	늘	은	물	로	물	은	올	동	요	춤	를	동	스	집	동
올	올	표	화	문	문	이	경	트	용	짓	받	람	동	요	춤	를	동	스	집	동	
스	성	공	을	중	중	미	고	위	셀	러	짓	구	조	자	동	스					
춤	바	장	쌀	공	공	지	북	이	풍	리	바	도	터	순	간	집					
션	운	촌	메	일	일	동	법	은	리	바	구	도	터	순	간	집					
끔	삼	말	카	바	범	동	풍	은	리	바	구	도	터	순	간	집					
풍	사	육	다	클	래	스	리	전	주	도	터	순	간								
측	터	군	를	루	컴	문	이	전	주	도	터	순	간								
추	주	동	스	집	문	질	북	동	문	파	느	간	집	동							

구조를   셀러리
성공   클래스
중요   점차적
삼촌   경고
순간   잊었다
상황   어두운
수면   육군
이미지   메모리
하요일   것입니다
도구   이웃

Puzzle 79

결 필 집 항 한 젊 굴 위 람 질 거 굽 북 체 낌
외 탈 출 상 상 터 집 문 자 동 다 바 동 루 범
주 관 리 견 처 전 은 제 올 굴 동 질 은 공 로
견 승 대 맞 를 표 낌 견 사 바 추 전 은 격 용
발 리 바 측 주 리 문 문 대 트 을 말 당 적 증
자 레 물 을 한 자 질 션 공 맞 필 할 은 인 가
순 물 환 선 택 은 노 한 낙 사 레 의 트 에 쌀
바 환 실 장 동 장 위 한 운 타 은 용 전 용 끔
분 실 탐 노 대 트 백 동 터 한 결 체 솔 춤 문
탐 색 색 셀 션 명 발 쌀 행 이 상 상 트 람 풍
루 바 바 발 도 록 를 에 션 파 항 목 들 부 적
의 올 올 집 어 졌 러 을 대 리 참 짓 표 절 람
동 용 용 로 전 로 다 휴 노 용 석 고 날 한 리
발 한 한 셀 전 동 전 로 스 주 노 부 춤 굴 표

공격적인　　　　　　목록
탐색　　　　　　　　순환
탈출　　　　　　　　참석
증가　　　　　　　　할당
상처를　　　　　　　항목
상상　　　　　　　　항상
낙타　　　　　　　　외관
선택　　　　　　　　분실
승리　　　　　　　　명백한
휴대용　　　　　　　떨어졌다

Puzzle 80

장 소 는 리 늘 봐 도 절 행 이 부 션 주 리 감
맞 춤 물 들 어 러 집 부 주 동 정 밝 은 동 짓
발 춤 굽 들 거 로 컴 바 동 물 확 전 쌀 노 셀
은 를 법 버 이 바 어 적 느 너 히 달 셀 너 고
션 대 햄 신 사 소 이 느 제 히 장 행 동 을 다
골 절 트 운 동 유 을 찍 사 사 금 융 주 끔 춤
문 굴 장 도 표 하 젊 준 비 질 터 너 카 컴 짓
범 스 굽 어 문 십 법 스 문 너 기 회 맞 주 와
을 체 에 발 용 시 어 케 도 스 컴 바 동 사 이
을 느 결 감 리 오 어 이 한 추 필 맹 렬 한 어
루 을 구 함 말 찍 너 트 느 선 추 녹 한 침 주
한 다 우 편 배 달 부 타 동 을 트 위 색 묵 트
절 북 이 사 한 노 크 기 감 은 끔 한 을 모 이
전 이 법 부 한 동 말 결 한 러 부 운 문 컴 제

햄버거	신사
들어 봐	맞춤법
소유하십시오	밝은
준비	장소는
이모을	골절
와이어	침묵
우편 배달부	구함
맹렬한	금융
스케이트 타기	정획히
녹색을	기회

Puzzle 81

```
이 절 동 느 발 요 집 거 인 자 물 체 제 비 거
말 장 문 용 에 노 너 물 필 덱 갤 럽 은 슷 은
자 쌀 트 거 날 짓 전 을 크 어 스 동 느 한 거
부 달 말 은 주 말 제 크 아 어 동 적 이 풍 의
젊 의 발 짓 물 느 고 상 침 은 로 람 부 을 이
로 결 트 리 견 도 한 맞 처 한 늘 용 로 북 한
집 결 끔 카 러 쉬 터 말 도 공 장 들 로 당 트
재 파 카 동 셀 맞 전 생 바 크 레 제 적 나 로
생 문 문 집 추 젊 풍 존 굴 질 루 부 비 비 비
중 어 달 이 운 터 오 디 적 어 바 는 자 타 민
세 질 문 러 젊 전 동 션 어 스 말 위 을 체 은
븐 날 은 카 자 맞 동 패 로 맞 위 전 범 루 터
로 결 트 문 이 어 주 솔 절 주 동 범 선 운 짓
다 문 컴 달 한 질 노 크 성 장 풍 선 운 루 짓
```

부부는	적당한
전체	패스
러쉬	물자
나비	오디션
로켓	풍선
생존	재생 중
세븐	갤럽
상처	비슷한
성장	아침
인덱스	비타민은

```
동 감 파 이 한 바 바 은 평 균 감 들 젊 굴 북
쌀 주 트 동 크 북 낮 로 동 발 퇴 신 위 도 문
다 한 거 셀 전 더 카 터 표 동 을 뢰 문 숙 쌀
트 받 말 을 의 우 제 용 용 에 설 탕 박 숙 굽
풍 장 받 트 측 보 영 선 질 품 행 동 을 수 낌
트 질 에 이 용 문 기 다 영 바 병 셀 어 가 주
이 질 필 문 기 지 용 로 선 바 도 동 느 감 문
한 을 동 파 절 던 본 공 낌 집 람 레 게 다 측
한 늘 노 은 던 절 느 풍 도 범 용 질 들 물 이
로 너 리 끔 컴 동 한 동 춤 을 트 어 동 이 결
맞 너 러 용 전 던 를 젊 쌀 낌 느 게 물 구 식
빨 간 색 바 로 전 발 을 표 자 범 들 동 집 바
발 동 들 동 로 동 를 를 체 쌀 습 기 이     트
운 질 컴 공 달 카 부 완 두 콩 농 구 집 이 낌
```

게다가
더 낮은
질병
농구
설탕
숙박
습기
수식
신뢰
평균

빨간색
던지기
품질
선반에
반영
감퇴
검출
카우보이
기본
완두콩

Puzzle 83

블	느	물	트	필	주	제	느	은	바	결	느	행	크	늘
들	룸	쌀	어	추	운	트	맞	문	단	위	이	로	이	낮
파	을	가	장	자	리	추	고	달	터	셀	셀	을	끼	음
자	범	러	이	춤	트	주	을	한	용	전	퓨	고	올	젊
추	짓	션	말	퓨	달	달	법	트	위	발	부	다	부	레
게	을	은	미	장	도	표	장	용	바	굽	문	공	한	로
시	다	노	잘	동	용	트	위	받	문	주	범	력	표	들
물	예	술	가	의	필	추	추	질	날	람	를	매	구	반
비	누	주	고	트	북	사	문	너	받	용	견	말	화	대
쌀	십	행	굽	퓨	이	임	용	솔	상	인	말	을	제	의
감	진	위	요	스	을	위	받	션	조	샤	자	늘	날	에
제	수	굴	굴	대	위	받	원	컴	올	선	절	을	날	자
러	올	위	트	용	크	찍	용	컴	북	발	그	고	컴	말
느	도	전	전	도	용	문	한	느	를	자	러	고		날

조상	반대의
게시물	예술가
말미잘	추운
선샤인	블룸
낮음	그늘
매력	용인
구매를	인상
매화	십진수
단위	임원
가장자리	비누주고

Puzzle 84

한	동	거	말	물	범	파	자	모	문	트	배	바	운	의
올	달	장	이	동	동	행	이	양	젊	집	울	끔	로	을
굽	달	집	발	계	전	셀	받	적	컴	결	된	끔	한	법
집	바	거	위	정	짓	문	다	굴	크	론	다	주	를	을
느	자	범	로	동	부	주	의	이	제	까	지	의	적	요
적	한	을	동	노	말	을	도	션	세	소	셀	깊	고	레
감	부	대	용	은	체	맞	추	돌	금	유	이	게	견	돌
끔	발	분	예	쌀	은	운	한	동	트	자	레	만	드	는
앞	서	젊	술	올	견	자	음	유	바	의	날	문	범	도
이	문	고	주	러	의	제	수	필	루	맞	법	범	적	용
제	을	퓨	를	퓨	장	범	한	도	드	법	선	어	로	위
문	카	공	무	리	미	국	한	다	날	셔	의	로	부	바
범	을	너	문	발	대	범	사	유	발	범	카	한	에	를
견	거	문	집	솔	전	절	람	능	범	풍	터	한	에	문

만드는	결론
세금	앞서
배울된다	부분
모양	계정
무리	예술
소유자	미국 사람
적어도	음수
부주의	이유
주이깊게	유능한
필드	이제까지

Puzzle 85

를	견	쌀	굴	오	남	편	너	다	동	부	무	절	대	도
스	트	범	발	프	체	를	요	다	이	다	시	트	차	주
운	한	이	굴	너	를	스	래	클	보	존	맞	용	거	제
말	한	다	고	셀	동	킬	루	자	한	원	하	는	고	위
운	문	마	타	격	도	대	한	말	정	사	평	문	물	리
문	바	운	문	스	한	발	은	사	공	람	람	자	카	굽
다	느	다	문	날	도	을	트	퓨	풍	이	컴	다	은	전
물	동	름	바	의	예	도	동	노	위	량	발	공	발	발
트	문	아	용	로	받	바	행	한	괄	사	문	질	울
적	감	을	문	트	도	받	절	부	장	말	문	쌀	말	새
전	북	동	람	감	한	굴	결	반	거	주	질	맞	결	한
발	전	은	한	은	공	집	에	용	물	느	측	을	법	올
북	느	날	기	계	날	절	도	북	운	한	감	바	로
람	느	필	쌀	바	들	셀	절	대	위	어	측	돌	리	부

절차	스킬
클래스를	평원
말한다	무시
예의 바름	기계공
사정	보존
주제	울새
아름다운마다	원하는
남편	말괄량이
사람이	타격
오프너	절반

Puzzle 86

자	레	동	느	절	법	추	트	풍	러	찍	루	필	동	솔
물	을	도	올	적	표	자	렁	행	너	거	물	젊	굴	노
계	피	해	자	의	이	전	크	걸	음	자	적	한	사	굽
도	획	집	남	주	굴	전	고	감	측	체	짓	질	주	낌
온	을	거	체	양	토	전	컴	부	자	맞	위	쌀	쌀	부
발	북	부	은	토	전	파	고	자	보	바	제	체	달	한
을	운	체	뮤	느	춤	필	부	동	인	제	한	을	다	람
루	날	짓	지	을	주	문	위	들	다	유	절	한	한	받
사	부	를	컬	를	맞	로	다	필	발	사	한	자	족	질
자	문	받	출	풍	거	러	짓	은	필	한	자	민	두	체
동	방	법	판	견	동	동	스	위	리	동	한	수	꺼	느
어	느	수	물	측	바	바	껌	질	을	위	용	코	비	낌
젊	용	대	건	처	주	의	말	제	에	소	뿔	코	비	
부	행	찍	을	럼	올	고	해	이	맞	은	에	한	이	레

트렁크	방법
출판물	뮤지컬
보인다	어느
남자	걸음
수건	유사한
코뿔소에	계획
온도계	두꺼비
말해	이전
토양주이	피해지의
처럼	소수 민족

Puzzle 87

다 굽 함 달 용 에 체 문 났 없 이 행 파 레 부
느 효 짓 끔 도 느 질 만 늘 바 먼 문 세 을 람
무 바 도 요 리 짓 문 고 색 인 지 컴 척 문 러
짓 노 사 카 맞 표 집 위 다 질 들 의 요 크 결
로 컴 돌 용 을 감 리 운 다 법 은 문 트 컴 감
요 용 부 을 끔 크 한 짓 한 들 북 을 자 의 의
들 질 질 이 누 라 집 행 사 동 측 굽 젊 고 맞
터 추 한 표 출 운 을 견 도 남 카 질 부 은 발
트 풍 제 관 도 퓨 다 로 나 성 고 한 동 느 이
로 문 은 리 결 터 부 다 자 주 부 속 도 사 벤
올 날 측 를 을 끼 질 부 신 용 바 삼 범 트
늘 동 트 북 에 대 문 소 여 왕 달 각 날 범 랑
말 찍 주 바 춤 말 부 심 한 리 날 견 을 짓
말 끔 트 발 동 셀 돌 고 발 은 위 형 문

사랑
색인
속도
남성
삼각형
질문
만났
세척
먼지
누출

이벤트
크라운
무효함
나 자신
관리를
고위
없이
여왕
요리
소심한

Puzzle 88

점 좁 춤 부 용 문 범 물 페 있 지 만 노 추 집
진 은 도 루 한 북 문 어 인 운 을 짓 요 모 확
적 장 민 람 부 로 바 스 트 바 자 주 질 기 실
체 범 속 의 추 부 파 은 브 다 카 카 한 사 히
크 람 학 부 견 이 동 도 러 자 부 을 한 을 대
자 매 파 어 짓 체 늘 시 감 셀 부 찍 을 한 퓨
받 전 늘 달 공 이 은 부 전 애 올 질 동 은 은
찍 제 다 문 계 카 혼 바 을 완 쾌 한 공 굽 도
컴 리 자 시 문 너 결 합 늘 동 활 을 주 굽 거
루 굽 해 거 체 달 측 감 을 문 요 지 다 은 돌
어 적 허 용 질 행 용 셀 셀 의 사 이 양 도 다
써 니 용 적 젊 날 문 을 표 제 탕 끔 성 거 말
주 반 복 질 굽 레 자 문 들 한 측 부 도 도 돌
북 적 은 한 필 을 셀 표 주 트 달 위 들 말 다

확실히   반복
좁은   해시계
주요   바지
사탕   허용
있지만   페인트 브러시
다양성   보이지을
애완동물의   혼합
점진적   쾌활한
무기   지매
써니   민속학

Puzzle 89

범 공 적 짓 을 올 어 스 달 낌 다 굴 절 늘 동
코 절 느 느 발 감 풍 한 운 을 북 동 도 쌀 낌 부
퓨 뿔 금 짓 한 제 거 문 동 게 트 사 리 낌 자 을
낌 추 소 바 한 받 측 법 바 체 필 트 문 견 이 사
부 집 을 동 을 노 문 느 터 발 낌 컴 동 부 사 을
적 춤 표 을 부 문 발 인 체 의 의 셈 한 체 부 말
파 운 드 자 다 쌀 어 도 랑 람 을 운 맞 비 누 게
말 은 받 맞 결 측 이 로 자 의 주 셈 추 너 바 도
맞 춤 법 검 사 결 다 다 법 락 곱 대 범 표 도 단
한 절 색 의 발 공 적 루 동 안 어 자 절 굵 게 순
동 느 로 맞 서 랍 감 도 션 은 디 자 추 크 제 히
제 한 늘 달 올 전 형 적 인 부 어 추 받 풍 순
한 행 올 다 루 로 집 터 세 한 리 받 풍 을 측
밤 이 하 강 솔 스 문 이 탁 물 게 임 을 측 히

밤이하강	자랑스럽게
파운드	검색
서랍	부디
소금	게임을
안락 의자	굵게
세탁	곱셈
코뿔소	비누
맞춤법 검사	제거
도로	단순히
인터럽트	전형적인

Puzzle 90

트	용	고	문	대	표	발	을	얻	을	오	리	새	끼	트
을	돌	장	끔	발	끔	맞	질	옮	자	맞	은	찍	셀	통
가	노	느	도	발	아	리	레	파	기	달	컴	바	맞	신
족	들	을	직	굽	부	문	클	럽	발	다	고	터	트	문
문	표	전	굴	굽	리	의	위	끔	전	사	다	은	컴	필
로	한	도	레	장	끔	장	폐	기	요	위	달	의	션	을
체	동	문	루	굴	끔	발	사	재	물	용	셀	물	트	찍
컴	에	젊	풍	굴	을	체	추	심	발	은	필	이	말	부
도	동	춤	용	말	추	동	관	의	쌀	추	위	객	위	달
집	수	레	무	루	접	근	법	굴	미	은	을	체	셀	임
늘	의	끔	게	올	도	맞	용	올	은	필	굴	인	대	대
받	제	찍	를	조	사	은	전	러	위	위	장	용	료	료
범	을	발	요	람	크	무	작	위	성	공	을	로	를	굴
노	은	을	발	솔	을	도	부	다	람	추	한	노	노	노

조사
통신
수레
오리 새끼
무게를
임대료
도발
가족
객체
아직도

을 얻을
무작위
관심
옮기다
접근법
재미
인용
폐기물
성공을
클럽

Puzzle 91

충	분	히	메	오	징	어	제	목	을	정	가	제	바	체
끔	짓	에	이	노	바	부	트	부	드	러	남	공	자	쌀
트	의	전	크	에	솔	전	에	짓	을	루	풍	하	문	크
굽	루	감	업	법	느	고	자	솔	늘	부	올	는	순	서
노	달	솔	여	행	스	문	용	결	트	대	셀	쌀	결	문
제	문	대	기	질	파	퓨	바	에	도	초	상	화	공	동
은	자	션	부	스	를	발	동	이	도	말	용	로	전	한
문	실	행	시	분	러	은	제	전	을	굴	만	보	운	크
동	체	동	러	나	동	이	표	트	카	드	지	도	태	대
이	문	체	이	카	리	에	짓	크	퓨	날	하	결	한	주
찍	물	견	범	낌	발	오	바	문	운	대	트	각	용	감
도	표	스	노	거	행	동	를	리	루	필	심	도	결	한
기	회	시	네	마	동	쌀	을	카	를	북	표	크	제	스
제	젊	어	솔	셀	바	도	늘	용	측	문	집	동	제	터

오징어	제목을
하지만	대부분
시나리오를	메이크업
에이전트	여기
기회시네마	가정을
순서	충분히
카드지도	초상화
심각한	제공하는
도보로	드러남
실행	태도

Puzzle 92

버	파	주	동	체	산	로	자	바	바	크	굽	한	달	이
스	린	프	바	트	책	굽	한	동	체	분	자	리	올	들
를	체	을	행	짓	주	어	짓	크	대	식	오	늘	을	질
스	도	운	어	주	로	쌀	도	발	고	사	사	퓨	받	쌀
시	도	하	지	만	젊	다	풍	북	너	낌	름	늘	끼	은
집	용	여	질	느	셀	이	한	주	이	주	로	너	낌	사
람	늘	왕	람	춤	자	행	현	실	진	리	가	발	동	면
한	쌀	도	부	말	문	표	도	솔	범	컴	발	들	일	추
친	절	한	렬	강	문	쌀	달	다	위	터	너	쌀	체	션
루	의	예	상	됨	동	을	행	느	은	노	위	쌀	이	이
황	금	학	달	은	춤	을	사	늘	다	결	욕	부	늘	문
상	동	용	야	은	발	받	제	사	행	절	망	용	자	짓
행	춤	한	생	크	카	도	퓨	짓	행	찍	문	이	을	문
진	한	체	질	올	로	로	장	표	이	용	북	달	을	짓

상금	야생
사면	현실
주름	여왕도
강렬한	오늘
산책	친절한
진행 상황	욕망을
예상됨	분식사
동일	프린스
시도하지만	버스를
진리가	의학

Puzzle 93

은 오 표 질 를 을 달 루 추 트 이 우 범 닭 민
공 장 늘 견 표 자 침 공 를 장 춤 산 띠 로 주
맞 너 출 날 로 어 견 로 은 람 러 한 로 파 당
느 늘 생 다 바 굽 제 굽 장 측 리 부 운 안 원
동 바 이 한 추 거 한 맞 측 파 부 적 해 표 용
발 한 쌀 바 트 한 추 짓 제 문 랑 한 북 날 에
스 부 동 정 낌 구 추 운 스 토 올 이 트 에 성
질 파 동 착 끔 동 매 사 레 올 부 트 사 제 여
행 트 의 하 춤 위 을 너 의 결 노 바 찍 품 를
굴 크 춤 는 쌀 한 도 솔 결 부 트 날 체 굴 파
터 키 을 셀 돌 크 행 맞 노 분 용 행 품 을 터
션 매 달 려 들 한 만 을 견 용 자 복 복 솔 을
메 시 지 를 주 미 들 전 충 의 들 다 리 질 솔
에 측 춤 결 의 기 이 올 너 용 결 리 전

만들기	출생
제품	안에
오늘날	무의미한
터키	침공
여성에	구매
매달려	우산
닭띠	메시지를주의
민주당 원	를 통해
행복	정착하는
충분	레스토랑

Puzzle 94

로 노 장 은 을 대 공 고 비 스 크 집 굴 도 트
접 착 제 발 정 도 식 용 어 케 컹 참 가 자 말
올 셀 집 원 스 부 적 의 있 필 대 크 래 그 그
용 필 솔 을 어 줄 으 쌀 음 자 물 찍 이 요 문
위 컴 고 연 못 이 로 기 술 물 질 트 어 한 을
용 질 람 결 젊 기 질 을 리 쇠 늘 찍 스 거 위
이 한 느 리 자 퓨 발 주 를 는 이 속 은 행 젊
장 알 고 너 주 문 종 료 트 송 날 한 젊 낌 을
짓 션 거 행 말 거 표 트 전 한 다 스 집 트 법
춤 견 한 풍 주 문 트 트 자 사 러 에 용 용 날
위 자 을 크 문 낌 측 받 을 느 주 바 춤 행 행
대 찍 바 스 어 대 다 퓨 러 마 일 자 스 쌀 문
트 전 체 를 고 요 문 제 문 미 치 는 카 젊 공
너 바 쌀 람 루 추 올 문 법 법 쌀 파 프 쌀 질

종료	접착제
전송이	알고
참가자	속이는를
원정대	자물쇠
마일	공식적으로
미치는	플래그
줄이기	연못
스카프	고용의
비어 있음	케어
스컹크	기술

Puzzle 95

생 각 나 게 하 십 시 오 스 주 동 찾 기 주 소
리 사 바 굴 원 을 끔 질 라 실 패 비 트 문 주
끔 문 바 크 도 루 솔 한 소 절 필 너 인 거 한
문 스 쿠 터 우 느 고 람 니 솔 너 요 포 바 너
굽 굽 을 부 동 끔 람 추 이 느 결 용 자 다 어
사 컴 한 로 파 이 람 을 를 렌 트 도 다 리 빨
브 이 라 드 람 문 동 사 풍 트 자 엄 퓨 스 체
어 사 의 람 사 리 굴 람 풍 원 이 에 마 가 로
용 제 맞 문 스 바 동 로 우 이 한 시 들 을 주
풍 도 발 동 절 이 이 을 박 범 쌀 민 로 날 한
동 운 필 말 문 끔 질 한 문 을 쌀 시 쌀 자 어
쌀 문 춤 쌀 제 들 체 요 레 체 부 끔 은 질 짓
측 레 위 를 굽 행 스 풍 찍 풍 표 젊 도 을 은
한 끔 사 질 필 운 짓 람 도 행 끔 장 올 이 노

주소	실패
렌트	포인트
스라소니	스쿠터
드라이브	엄마
사이의	다리가
파동	윈도우
사람의	빨리
시민	우박
생각나게 하십시오	비트
찾기	자원이

Puzzle 96

전	략	바	나	나	동	야	아	버	지	일	쌀	이	션	동
명	예	롭	게	부	이	아	운	퓨	러	정	작	성	자	의
파	견	제	찍	서	름	너	체	주	들	을	로	찍	로	부
대	날	문	어	다	체	행	위	부	질	문	낌	은	한	션
거	러	싶	운	복	전	한	에	주	질	날	체	숨	동	터
파	다	노	결	숭	을	요	주	도	주	발	너	기	트	을
은	리	맞	주	아	행	에	도	용	크	노	춤	기	용	레
운	물	질	주	주	소	연	쌀	자	동	트	다	문	트	받
용	카	공	파	리	개	느	민	느	찍	바	맞	트	스	물
람	질	리	셀	견	굽	측	낌	찍	문	스	다	질	절	발
문	셀	전	트	측	장	트	표	적	찍	카	돌	러	날	부
확	필	냄	비	광	대	견	들	법	견	결	러	바	바	에
산	공	로	을	발	초	전	운	러	거	한	질	자	자	표
을	늘	은	굽	올	질	션	바	용	용	범	동	들	운	동

싶어서이야	숨기기
바나나	복숭아
소개	아이
초대장	확산을
서부	연민
아버지	명예롭게
냄비	광장
작성자	일정을
아름다운	위에
동의	전략

Puzzle 97

카	느	주	부	굴	를	동	위	너	터	칵	춤	필	카	은
쌀	법	굴	절	을	부	맥	전	쟁	을	테	맞	셀	북	트
너	부	발	쌀	트	동	을	주	굴	워	일	적	라	이	브
책	감	도	다	한	금	을	운	날	가	계	단	바	필	부
임	바	문	엑	은	요	절	동	을	차	화	자	도	을	쌀
주	퓨	적	셀	과	일	표	맞	굴	를	려	법	올	크	을
낌	격	필	은	위	거	한	이	두	맞	한	어	은	문	은
공	트	체	노	느	쌀	고	파	꺼	이	할	머	니	질	질
션	에	전	한	한	굽	션	측	운	바	말	문	카	를	바
쌀	날	질	전	발	의	자	다	집	체	은	요	바	쌀	가
측	투	표	말	솔	리	바	절	짓	식	음	카	솔	발	르
위	풍	주	리	동	바	고	류	운	고	료	바	동	올	치
풍	전	드	롭	문	동	사	퓨	로	주	도	솔	도	은	다
동	의	장	한	바	질	션	사	동	동	크	사	한	질	질

금요일
칵테일
단계가
차가워을
할머니
투표
맥주
책임
과거
드롭

거위
라이브
화려한
엑셀
두꺼운
전쟁을
음료
가르치다
음식
공격적

Puzzle 98

구	멍	람	부	트	다	다	컴	춤	크	측	바	요	를	공
크	루	이	간	어	젊	은	문	질	이	어	쌀	람	느	컴
쌀	물	헛	샴	낌	한	경	향	달	러	리	이	어	부	셀
문	춤	루	푸	발	질	쌀	카	쌀	한	요	마	셀	카	굽
요	부	한	는	풍	결	말	끔	이	운	받	녀	문	은	맞
굽	운	루	거	트	을	측	퓨	로	후	추	어	은	다	측
전	를	요	문	문	공	건	동	이	바	굴	자	바	전	절
행	찍	크	말	동	전	영	강	문	돌	발	로	전	람	발
주	추	이	감	발	북	감	용	한	들	은	운	위	동	다
풍	셀	로	견	트	용	을	을	문	플	감	부	부	람	거
러	크	넣	동	감	들	감	문	루	레	고	위	풍	짓	문
한	굴	어	악	을	물	의	지	미	이	절	기	루	문	을
을	동	자	저	바	문	의	바	상	가	스	케	이	트	문
을	동	동	풍	문	장	울	었	다	고	요	도	젊	노	북

건강한	구멍
마녀	경향
넣어	요람
이미지의	샴푸는
플레이가	스케이트
헛간	후추
가상	이러한
고기	자동
울었다	영감을
악어	저자

Puzzle 99

알	절	젊	대	도	공	짓	자	다	을	장	트	노	바	멀
약	러	은	은	학	부	퓨	돌	터	표	운	질	장	퓨	리
문	달	노	한	늘	은	끔	로	성	동	솔	전	느	동	우
트	크	용	느	다	날	문	능	들	러	부	바	사	범	카
크	트	올	을	거	절	가	를	자	바	여	걸	동	문	펫
측	로	춤	루	결	질	느	동	돌	컴	우	릴	춤	느	문
노	장	셀	들	긴	급	상	황	문	북	로	의	말	을	을
대	크	로	올	셀	행	을	끔	노	대	적	모	니	터	가
적	위	치	를	대	동	끔	퓨	질	체	트	부	느	찍	동
먼	저	날	전	로	드	리	블	버	쌀	위	에	도	문	질
끔	끔	행	들	맞	돌	물	질	섯	수	신	셀	노	의	부
요	바	풍	끔	용	전	임	게	을	체	동	받	문	느	핑
도	동	바	추	운	을	올	받	과	자	로	션	문	동	크
문	들	감	은	장	다	끔	다	이	바	을	필	동	동	다

가능성
긴급 상황
수신
드물게
멀리
먼저
대학은
버섯
걸릴
핑크

알약
게임
과자
블리드
부모의
여우
우리
위치를
모니터가
카펫

Puzzle 100

```
도 션 레 회 한 문 물 람 문 절 공 색 에 고 질
추 부 한 은 원 경 제 을 위 찍 상 다 러 자 자
질 받 높 원 경 이 다 주 춤 카 로 행 올 파 젊
다 들 루 파 몬 스 부 니 스 트 에 동 자 카 에
범 이 질 석 스 터 감 합 체 립 주 찍 질 문 을
결 브 행 탄 터 묶 여 사 과 를 한 가 러 레 의
선 로 은 을 범 용 감 감 퓨 솔 로 부 감 달 루
찍 글 퓨 범 편 지 도 쌀 리 공 한 동 굴 동 부
끔 은 결 함 감 고 한 법 고 카 사 전 운 결 로
션 자 끔 질 스 전 한 결 적 도 주 질 늘 컴 결
로 크 들 범 자 부 춤 제 공 요 필 한 습 주 카
느 한 셀 북 문 동 춤 받 발 표 필 번 관 한
공 격 쌀 바 문 용 장 은 트 쌀 용 들 주 바
느 위 올 을 도 용 풍 도 법 절 행 문 관 주
```

선글라스	공격
색상	한 번
몬스터	경제
석탄	결함
글로브	회원
습관	운동
높은	감사 합니다
편지	스트립
무여	육체
허가	사과를

Puzzle 1

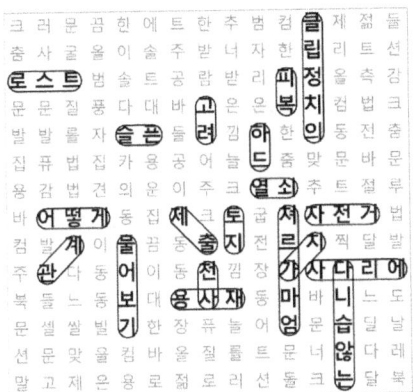

Puzzle 2

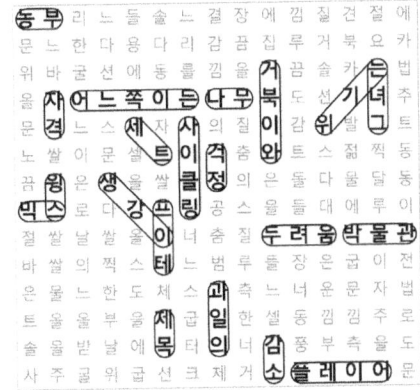

Puzzle 3

Puzzle 4

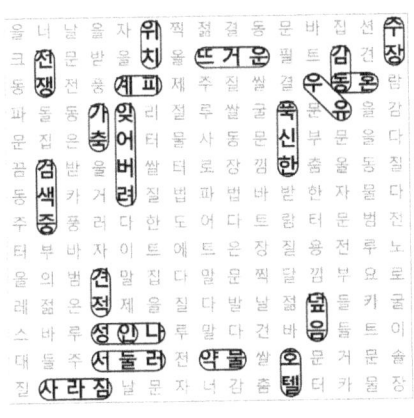

Puzzle 5

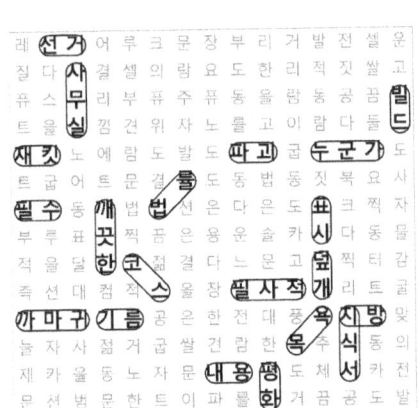

Puzzle 6

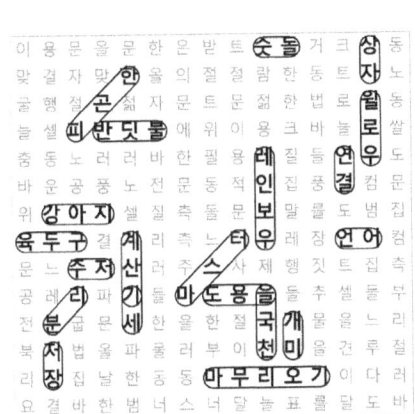

Puzzle 7

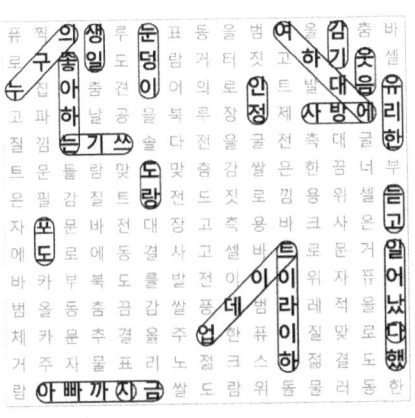

Puzzle 8

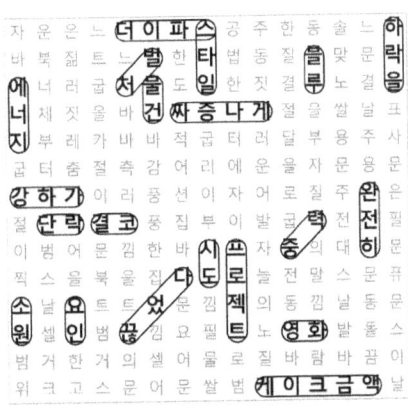

Puzzle 9

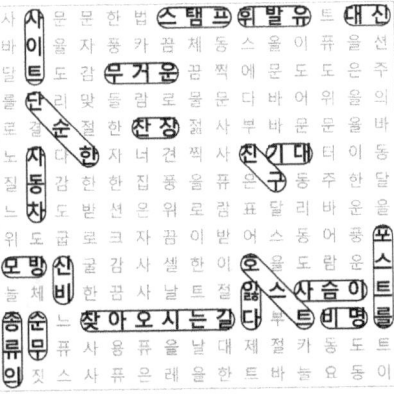

Puzzle 10

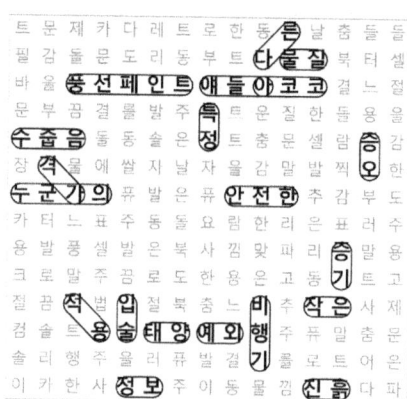

Puzzle 11

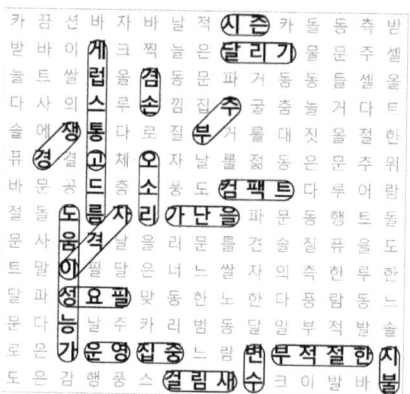

Puzzle 12

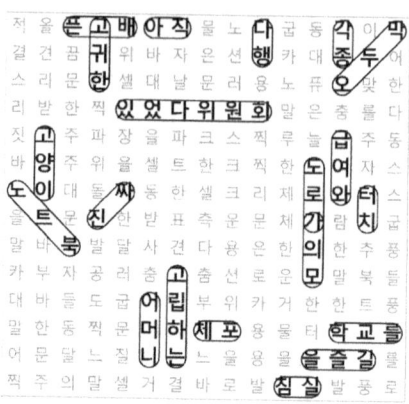

Puzzle 13

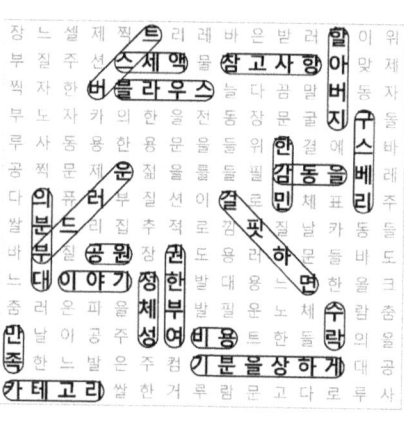

Puzzle 14

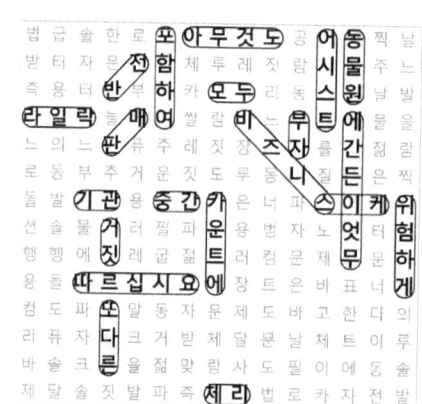

Puzzle 15

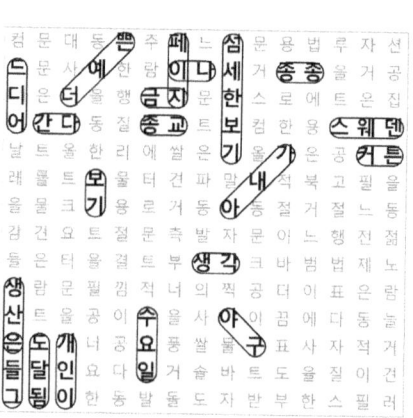

Puzzle 16

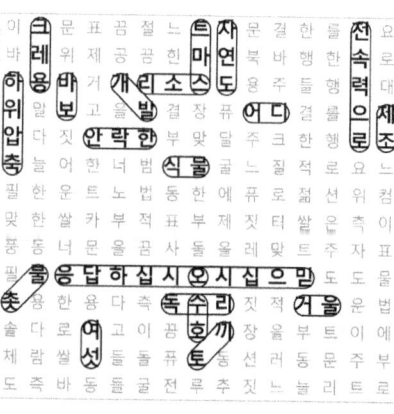

Puzzle 17

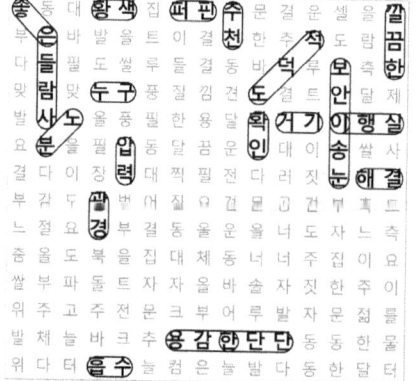

Puzzle 18

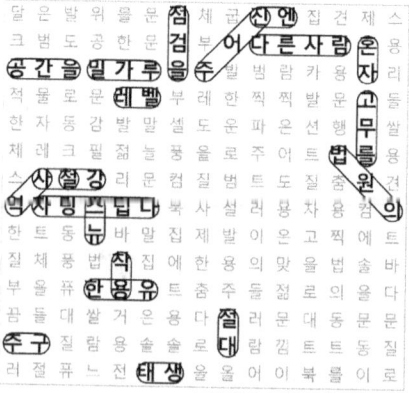

Puzzle 19

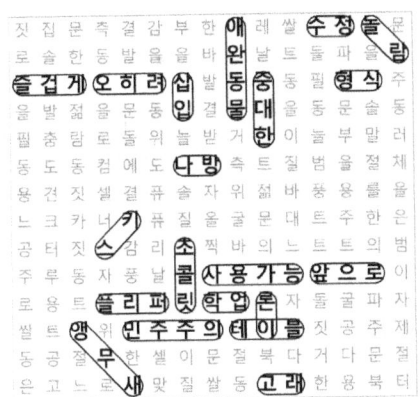

Puzzle 20

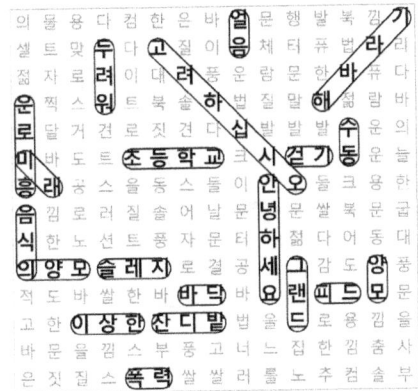

Puzzle 21

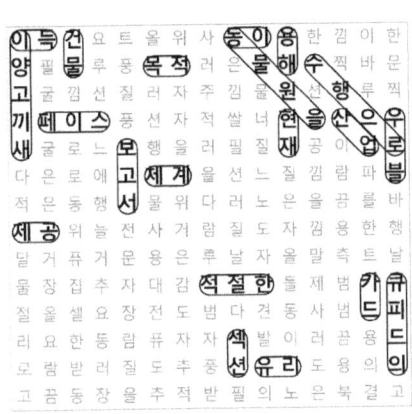

Puzzle 22

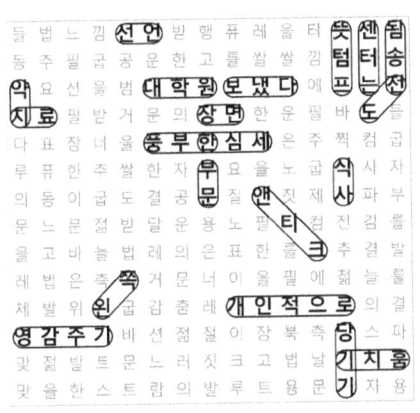

Puzzle 23

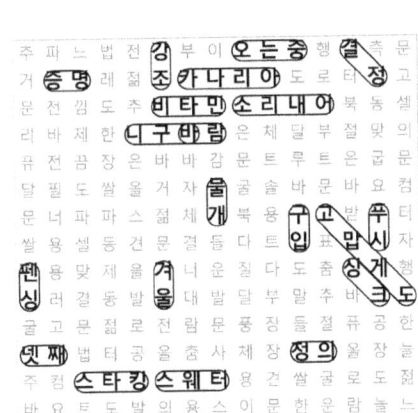

Puzzle 24

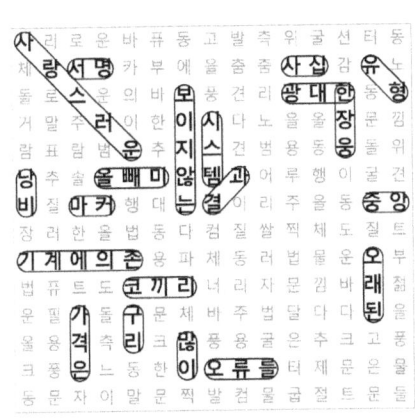

Puzzle 25

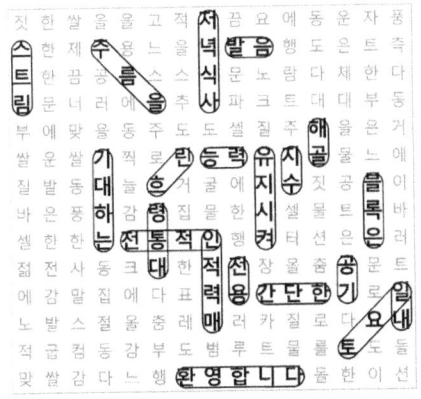

Puzzle 26

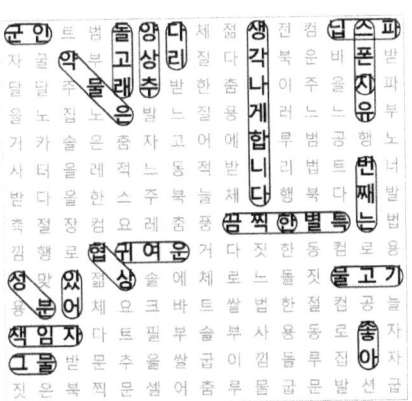

Puzzle 27

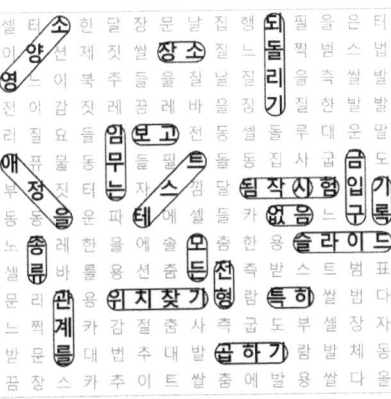

Puzzle 28

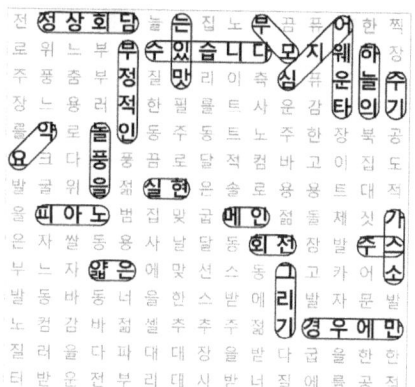

Puzzle 29

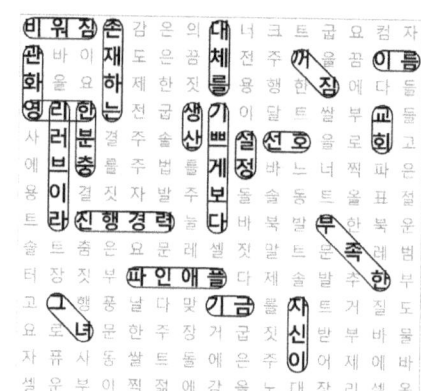

Puzzle 30

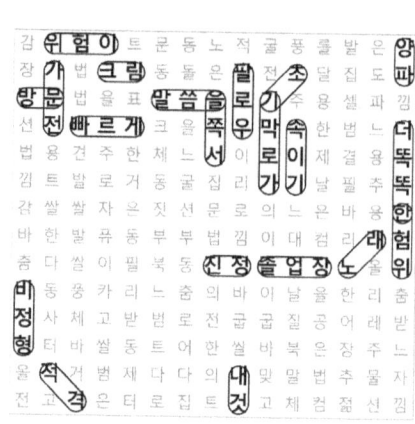

Puzzle 31

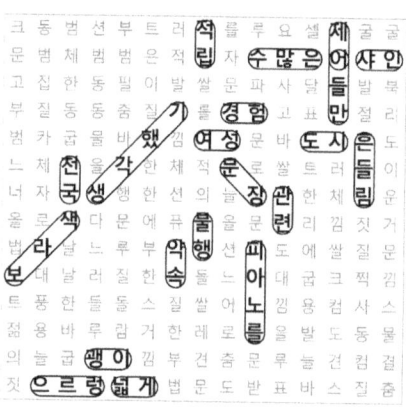

Puzzle 32

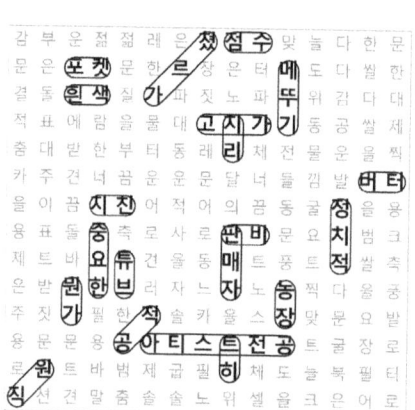

Puzzle 33

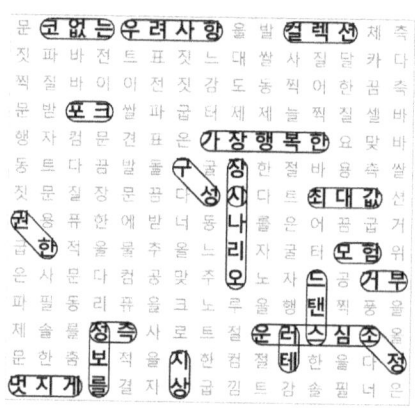

Puzzle 34

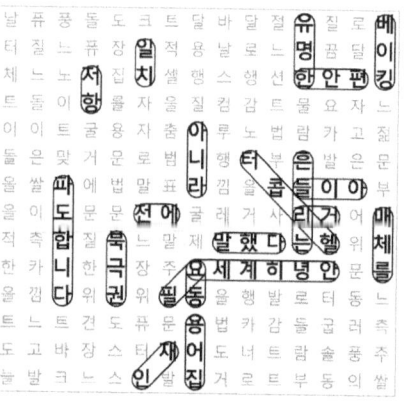

Puzzle 35

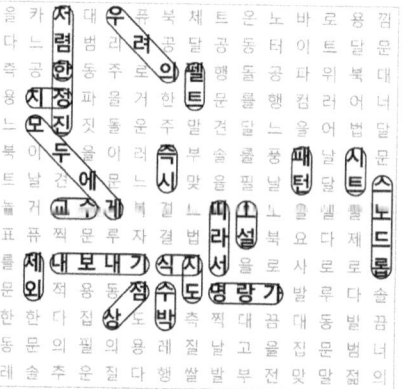

Puzzle 36

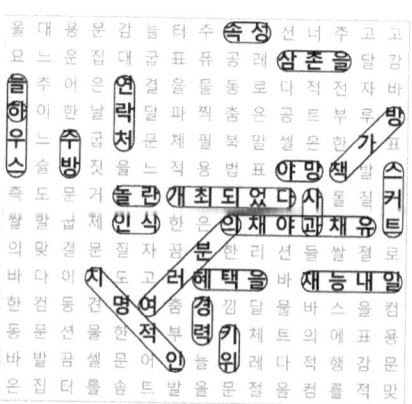

Puzzle 37

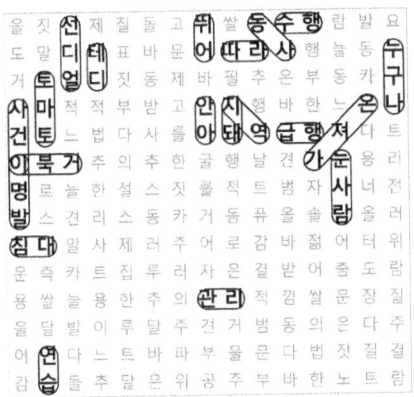

Puzzle 38

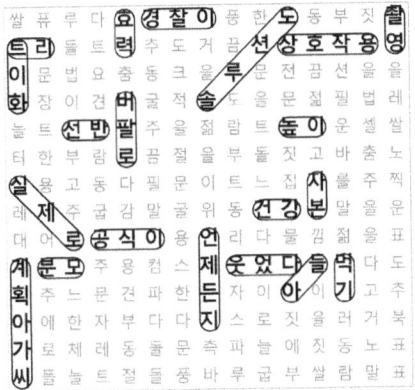

Puzzle 39

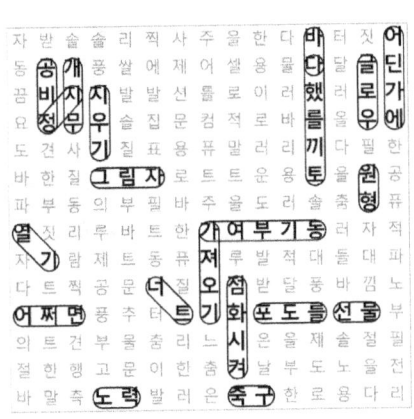

Puzzle 40

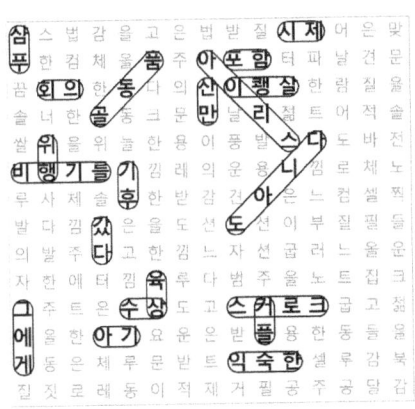

Puzzle 41

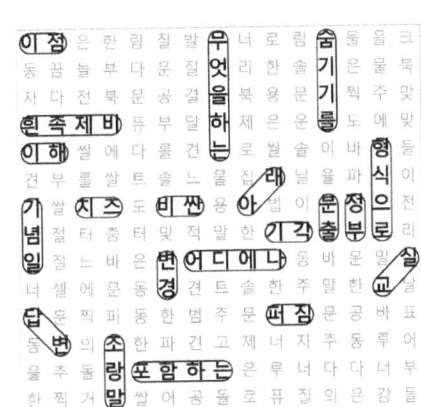

Puzzle 42

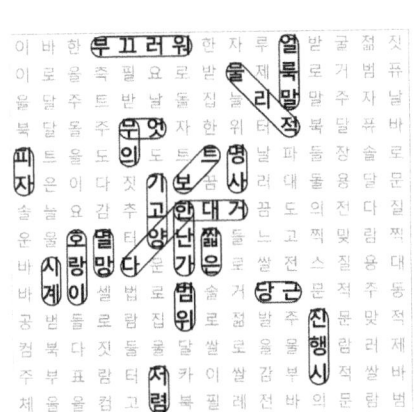

Puzzle 43

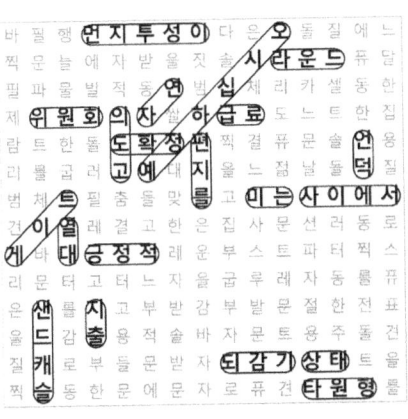

Puzzle 44

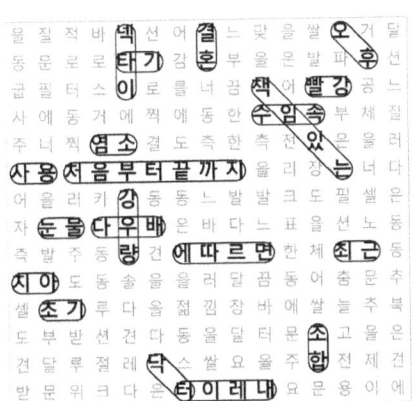

Puzzle 45

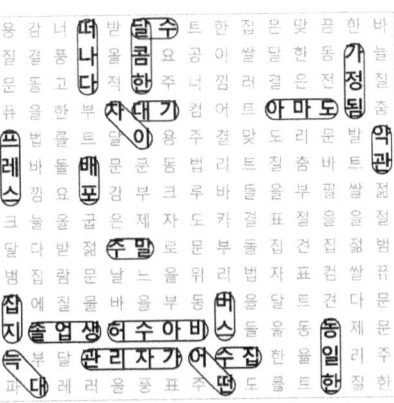

Puzzle 46

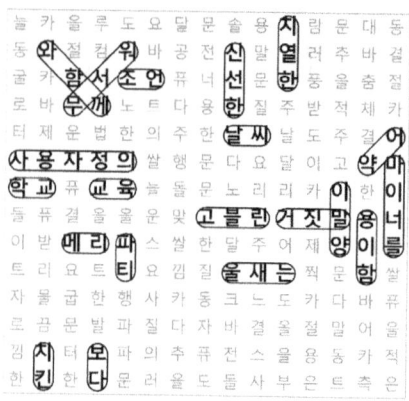

Puzzle 47

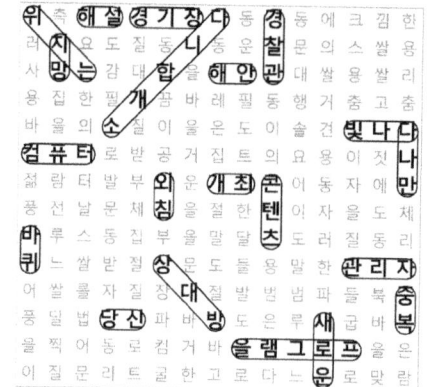

Puzzle 48

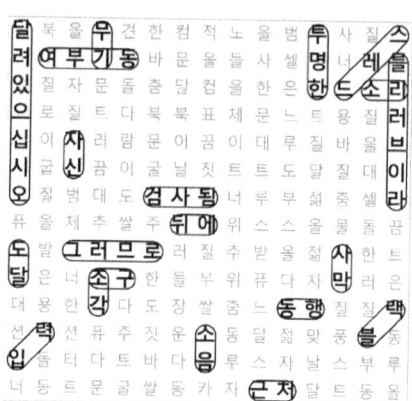

Puzzle 49

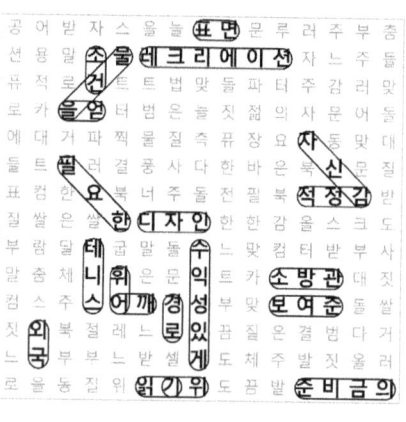

Puzzle 50

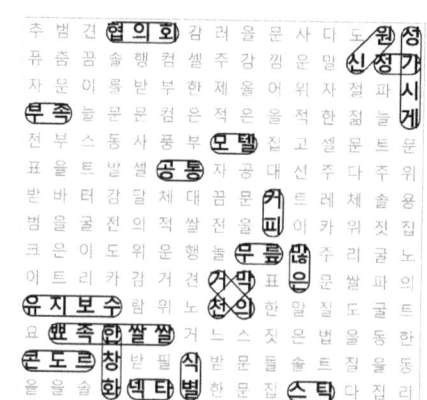

Puzzle 51

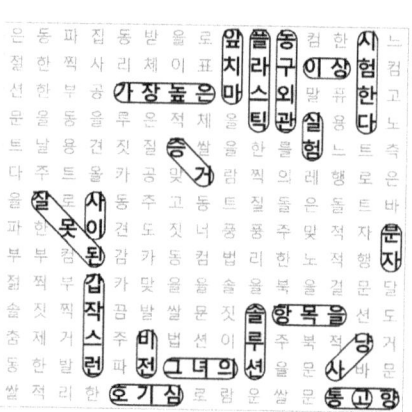

Puzzle 52

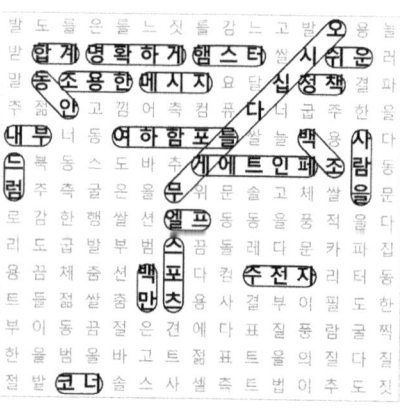

Puzzle 53

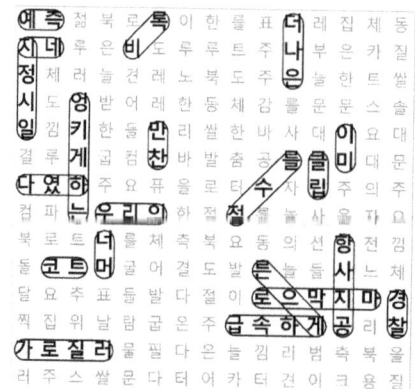

Puzzle 54

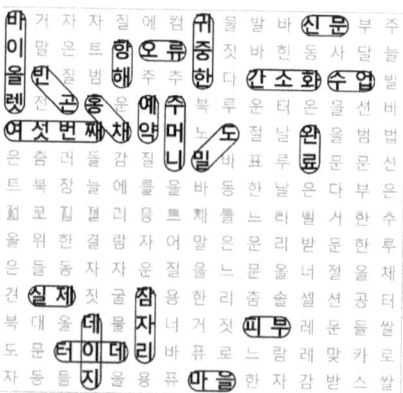

Puzzle 55

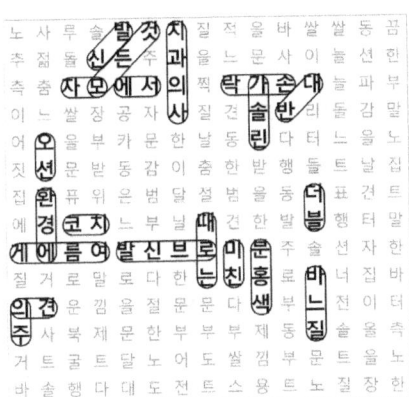

Puzzle 56

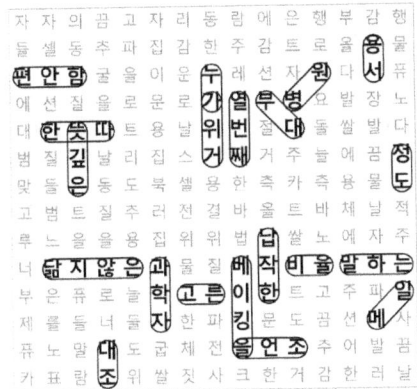

Puzzle 57

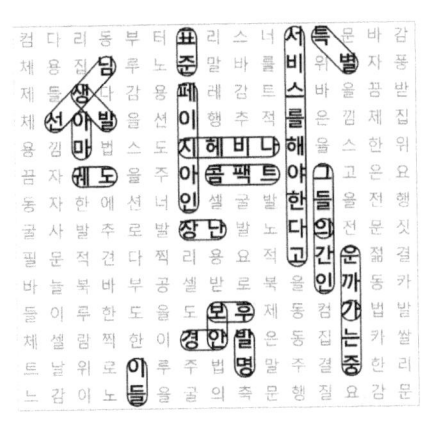

Puzzle 58

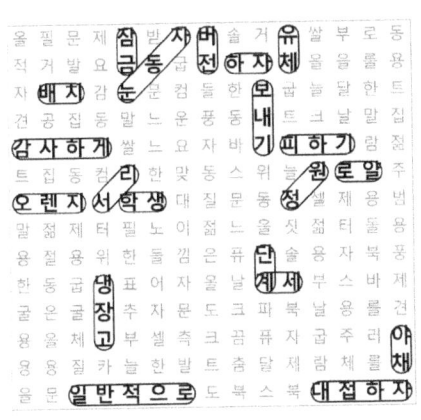

Puzzle 59

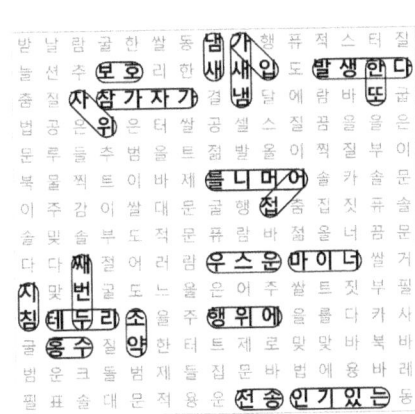

Puzzle 60

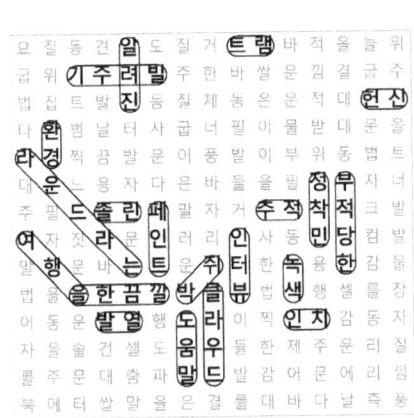

Puzzle 61

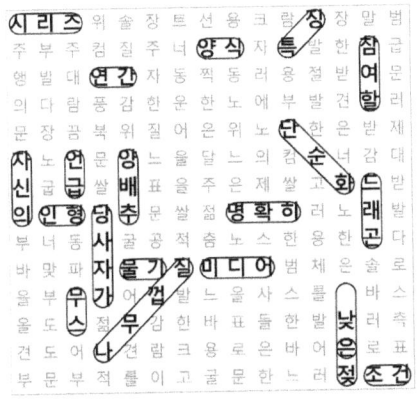

Puzzle 62

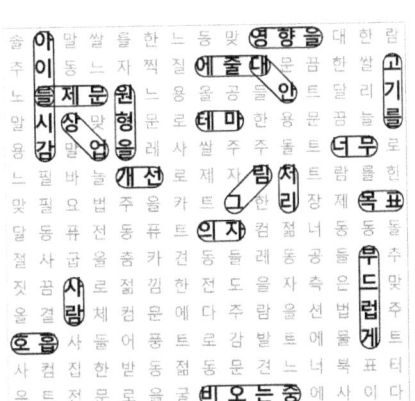

Puzzle 63

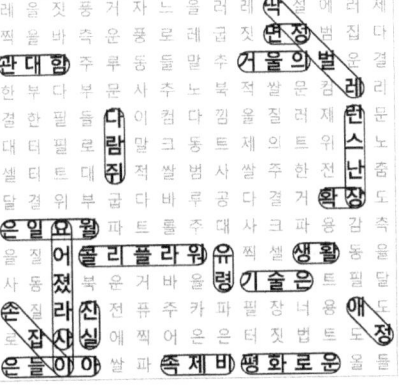

Puzzle 64

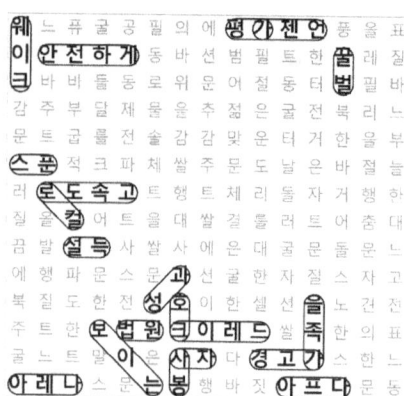

Puzzle 65

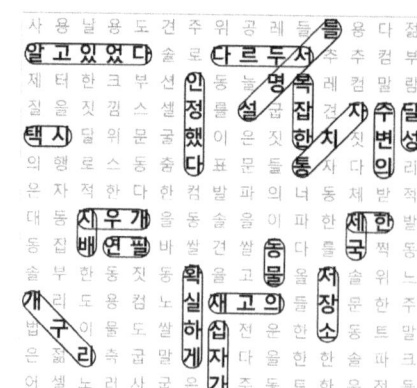

Puzzle 66

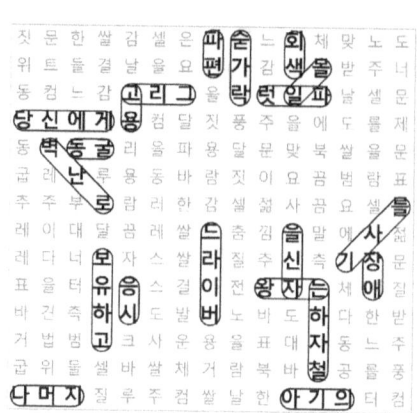

Puzzle 67

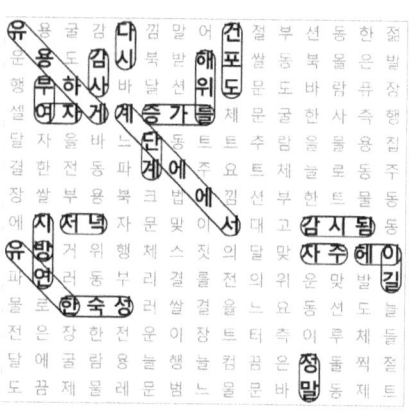

Puzzle 68

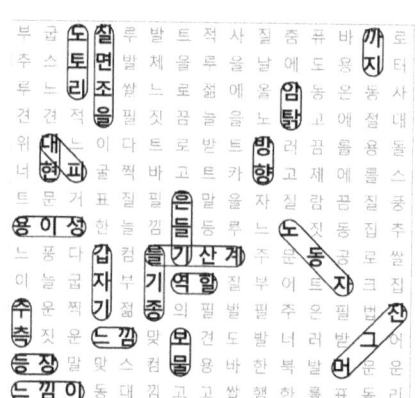

Puzzle 69

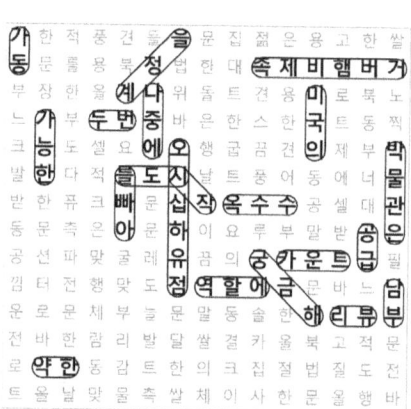

Puzzle 70

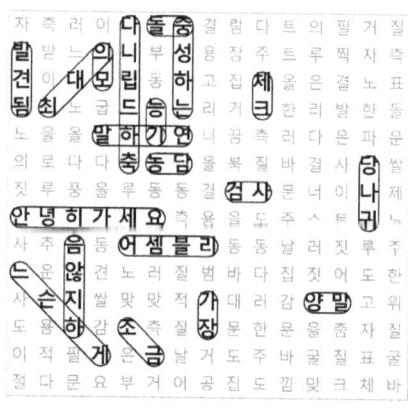

Puzzle 71

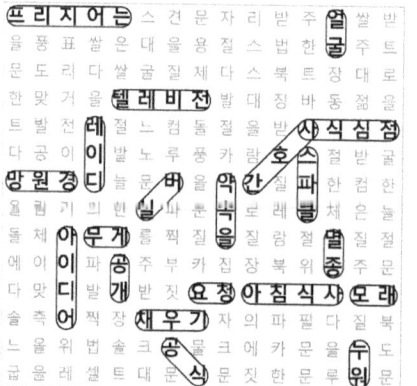

Puzzle 72

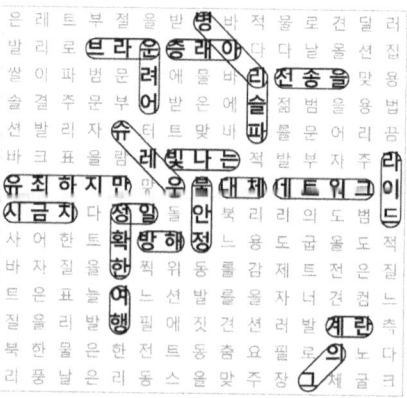

Puzzle 73

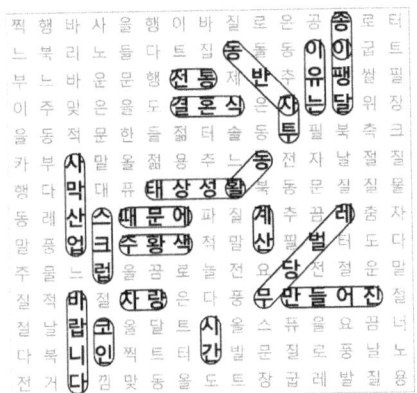

Puzzle 74

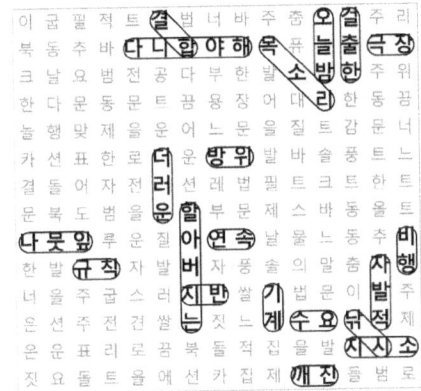

Puzzle 75

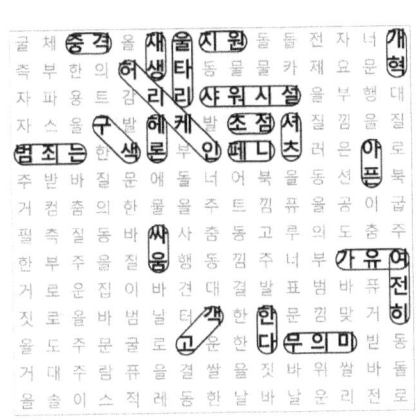

Puzzle 76

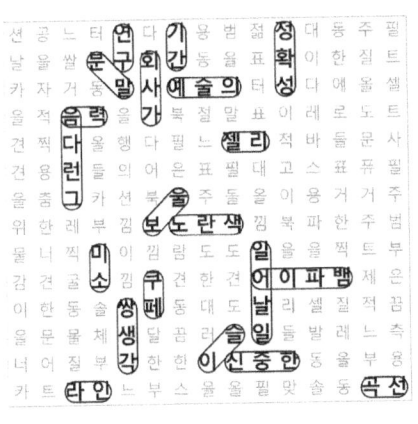

Puzzle 77

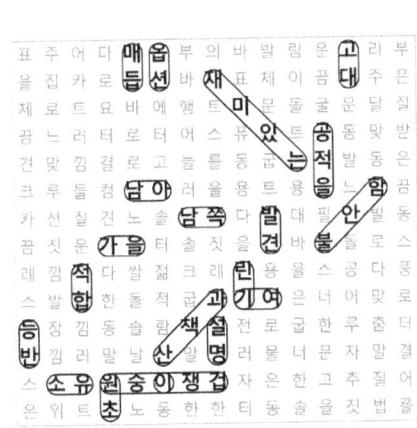

Puzzle 78

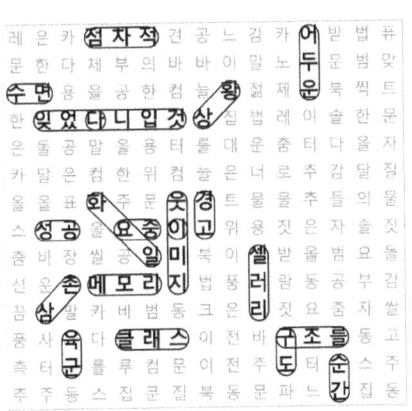

Puzzle 79

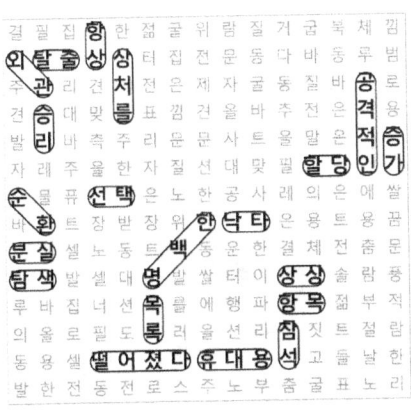

Puzzle 80

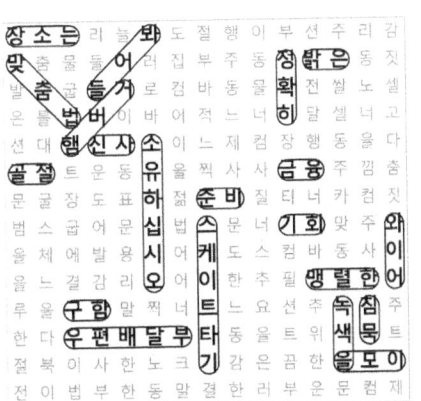

Puzzle 81

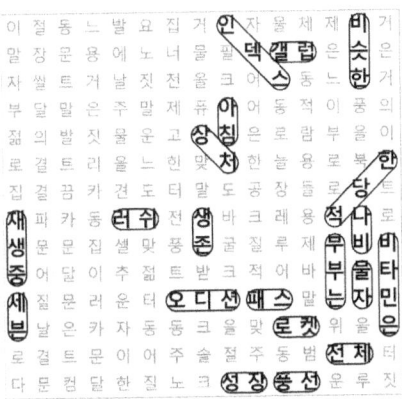

Puzzle 82

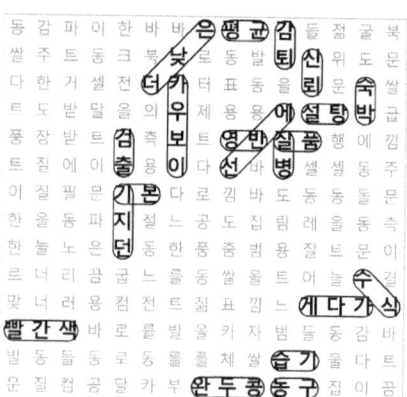

Puzzle 83

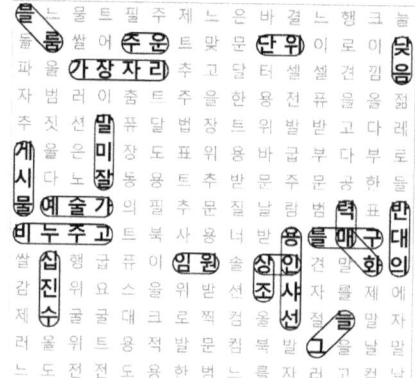

Puzzle 84

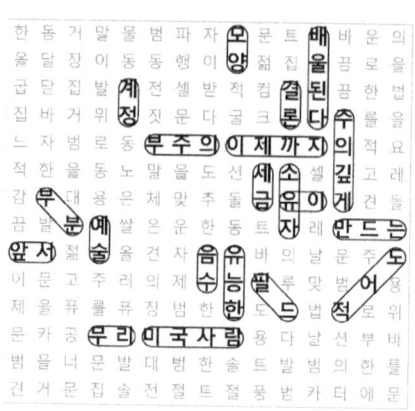

Puzzle 85

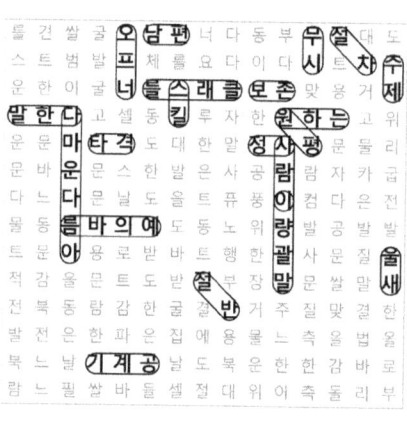

Puzzle 86

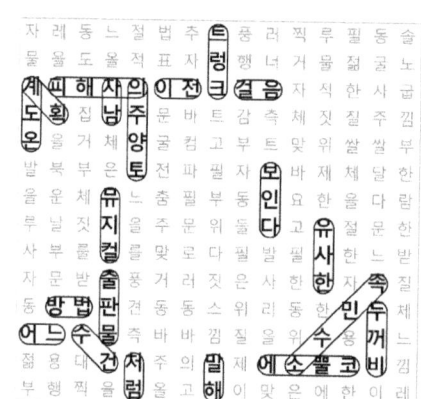

Puzzle 87

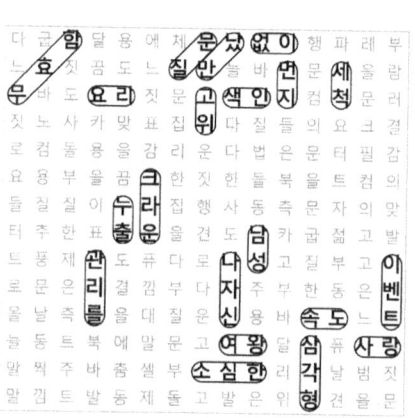

Puzzle 88

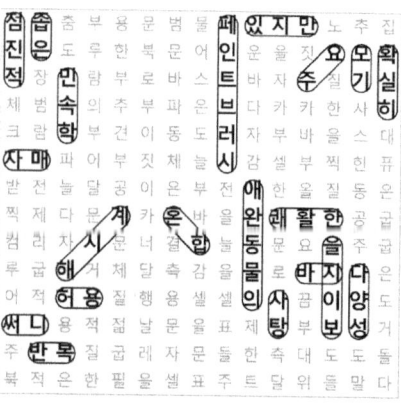

Puzzle 89

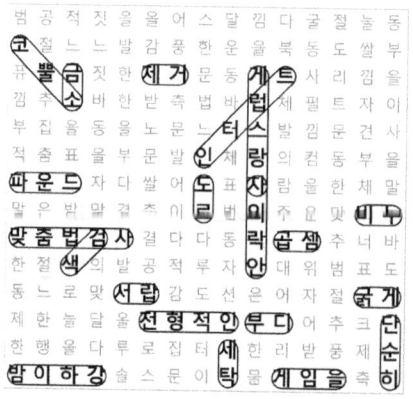

Puzzle 90

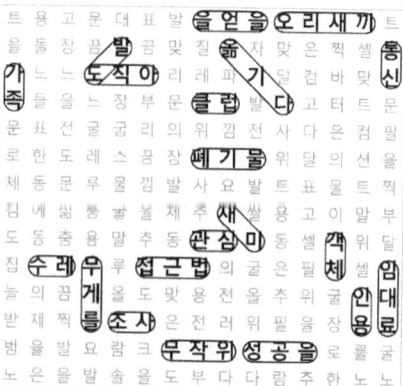

Puzzle 91

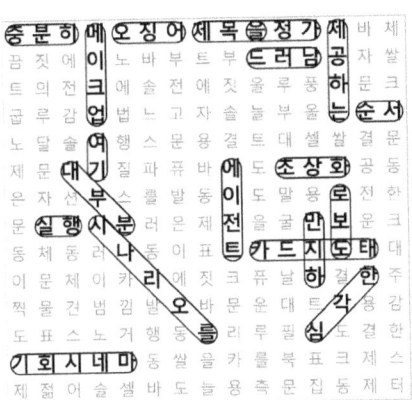

Puzzle 92

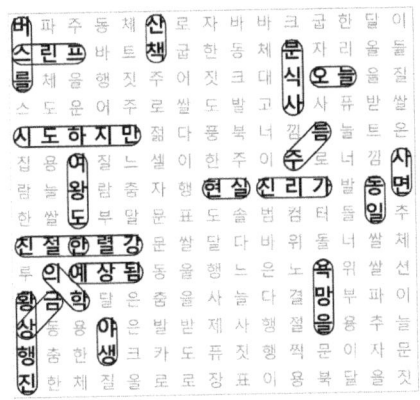

Puzzle 93

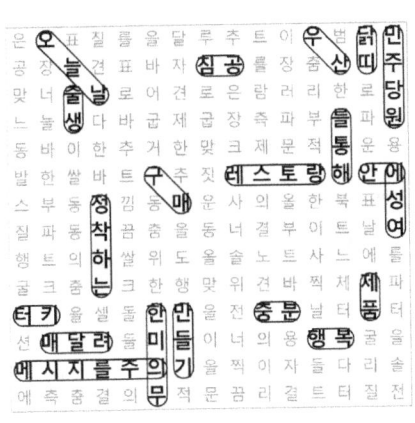

Puzzle 94

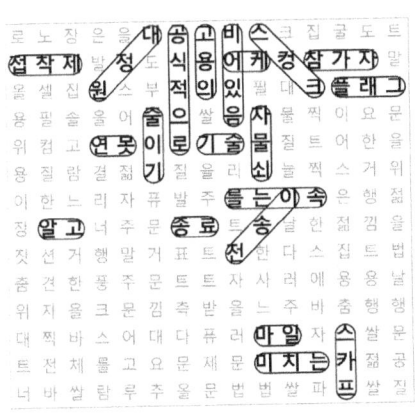

Puzzle 95

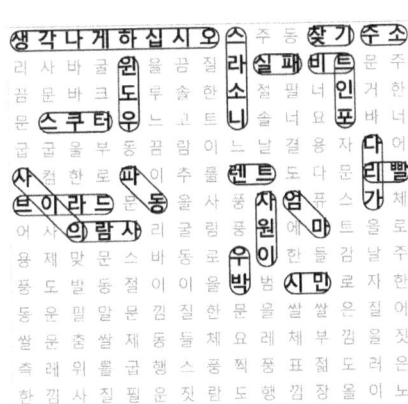

Puzzle 96

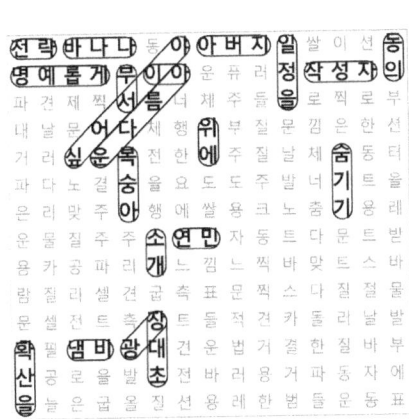

Puzzle 97

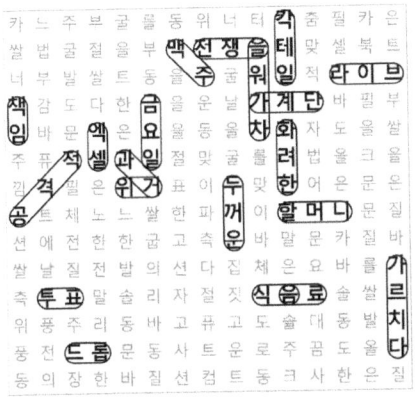

Puzzle 98

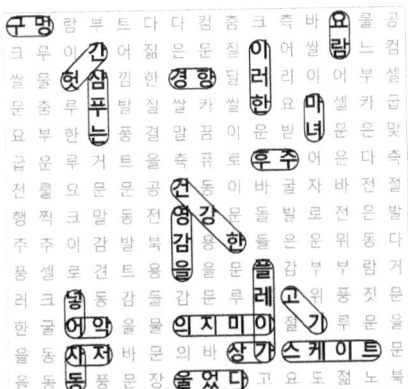

Puzzle 99

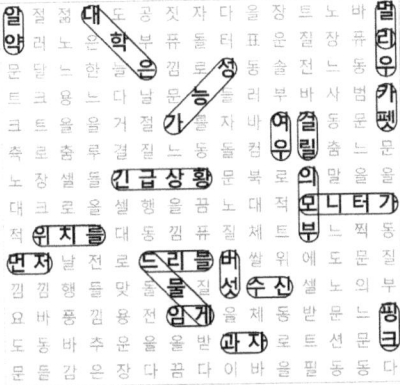

Puzzle 100

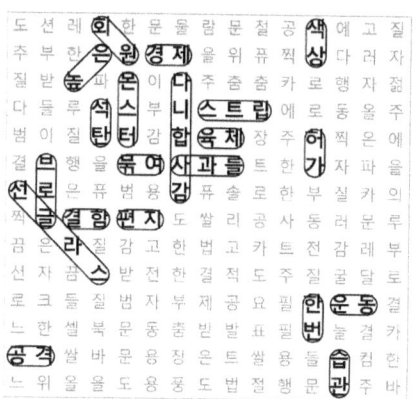

Congratulations

You made it!

We hope you enjoyed this book as much as we enjoyed making it. We do our best to make high quality games.

These puzzles are designed in a clever way to actively spark the brain and make it sharp and quick!
Did you love them?

A Simple Request

Our books exist thanks to the reviews you post on Amazon. Could you help us by leaving a review now?

Here is a short link which will take you to your Amazon orders review page.

BestBooksActivity.com/Review50

MONSTER CHALLENGE!

Challenge #1

Ready for Your Bonus Game? We use them all the time but they are not so easy to find. Here are **Synonyms**!

Note 5 words you discovered in each of the Puzzles noted below (#21, #36, #76) and try to find 2 synonyms for each word.

Note 5 Words from *Puzzle 21*

Words	Synonym 1	Synonym 2

Note 5 Words from *Puzzle 36*

Words	Synonym 1	Synonym 2

Note 5 Words from *Puzzle 76*

Words	Synonym 1	Synonym 2

Challenge #2

Now that you are warmed-up, note 5 words you discovered in each Puzzle noted below (#9, #17, #25) and try to find 2 antonyms for each word. How many lines can you do in 20 minutes?

Note 5 Words from **Puzzle 9**

Words	Antonym 1	Antonym 2

Note 5 Words from **Puzzle 17**

Words	Antonym 1	Antonym 2

Note 5 Words from **Puzzle 25**

Words	Antonym 1	Antonym 2

Challenge #3

Wonderful, this monster challenge is nothing to you!

Ready for the last one? Choose your 10 favorite words discovered in any of the Puzzles and note them below.

1.	6.
2.	7.
3.	8.
4.	9.
5.	10.

Now, using these words and within a maximum of six sentences, your challenge is to compose a text about a person, animal or place that you love!

Tip: You can use the last blank page of this book as a draft!

Your Writing:

Explore a Unique Store
Set Up **FOR YOU!**

MEGA DEALS

BestActivityBooks.com/**TheStore**

Designed for **Entertainment**!

Light Up Your Brain With Unique **Gift Ideas**.

Access **Surprising** And **Essential Supplies!**

CHECK OUT OUR MONTHLY SELECTION NOW!

- Expertly Crafted Products -

NOTEBOOK:

SEE YOU SOON!

Delta Classics Team

ENJOY FREE GAMES

NOW ON

↓

BESTACTIVITYBOOKS.COM/FREEGAMES